Volker Wienrich · Der Hovawart

Herausgegeben unter dem Patronat
des Verbandes für das Deutsche
Hundewesen e.V., Dortmund

Volker Wienrich

Der Hovawart

Praktische Ratschläge
für Haltung, Pflege und Erziehung

4., überarbeitete Auflage
Mit 27 Abbildungen, davon 7 farbig

Verlag Paul Parey · Hamburg

Die Kapitel „Ernährung" und „Gesundheit" wurden
von Dr. med. vet. Peter Brehm verfaßt.

Weitere Bände in der Reihe „Dein Hund"

Der Afghane und andere orientalische Windhunde · Airedaleterrier · Der Basset · Der Beagle · Bearded Collie · Berner Sennenhunde · Bernhardiner · Der Bobtail · Bouvier des Flandres · Der Boxer · Der Bullterrier · Der Cairn Terrier · Der Chihuahua · Der Chow-Chow · Collie und Sheltie · Der Dackel · Der Dalmatiner · Der Dobermann · Die Dogge · Foxterrier · Golden und Labrador Retriever · Greyhound und andere Windhundrassen · Große Münsterländer · Jack-Russell-Terrier · Der Kromfohrländer · Der Leonberger · Der Malteser · Mischlingshunde · Der Mops · Neufundländer · Der Pekingese · Pinscher und Schnauzer · Der Pudel · Der Riesenschnauzer · Der Rottweiler · Der Deutsche Schäferhund · Schlittenhunde · Setter und Pointer · Der Shih-Tzu · Der Spaniel · Der Spitz · Terrier · Ungarische Hirtenhunde · West Highland White Terrier · Der Yorkshire Terrier · Dienst- und Gebrauchshunde · Dein Hund auf Ausstellungen · Erziehung und Ausbildung des Hundes

Die Deutsche Bibliothek – CIP-Einheitsaufnahme

Der **Hovawart :** praktische Ratschläge für Haltung, Pflege und
Erziehung / Volker Wienrich. [Die Kap. "Ernährung" und
"Gesundheit" wurden von Peter Brehm verf.]. – 4., überarb.
Aufl., 18. – 29. Tsd. – Hamburg : Parey, 1994
    (Dein Hund)
    ISBN 3-490-06319-8
NE: Wienrich, Volker

1.–6. Tausend 1985
7.–8. Tausend 1988
9.–17. Tausend 1992 (Neubearbeitung)
18.–29. Tausend 1994 (Überarbeitung)

© 1994 Paul Parey GmbH & Co. KG, Hamburg
Anschrift: Spitalerstraße 12, D-20095 Hamburg
Satz: Westholsteinische Verlagsdruckerei Boyens & Co., Heide/Holst.
Druck: Druck- + Verlagshaus Wienand, Köln
Umschlaggestaltung: Evelyn Fischer, Hamburg
Printed in Germany
ISBN 3-490-06319-8

Vorwort

Was ist das, ein Hovawart?

Gemeint ist zum einen der „hovewart" oder auch „hofwart", der Wächter des Hofes, des Hab und Gutes, wie es ihn seit Jahrhunderten gab.

Gemeint ist aber vor allem auch eine gerade einmal 70 Jahre junge Hunderasse – ein „Bilderbuchhund" im besten Sinne des Wortes in Aussehen und Verhalten. Es ist mir eine besondere Freude, über diese Hunde zu berichten, die ich im Lauf der Jahre immer besser kennen- und schätzengelernt habe.

Im vorliegenden Buch ging es einerseits um die Vermittlung von Informationen für den Hovawart-Neuling, den – schon oder bald – Besitzer eines Hovawarts. Wenn es darüber hinaus gelingt, dem mehr- oder langjährigen Hovawart-Freund auch Ergänzendes oder gar Neues zu bieten, so wäre das Anliegen der Arbeit erfüllt.

Vieles von dem, was auf den folgenden Seiten geschrieben wurde, war vor einigen Jahren Gegenstand ausführlicher Gespräche mit dem langjährigen Zuchtbuchführer des Rassezuchtvereins für Hovawart-Hunde, Heinz Radam. Er war einer der verdienstvollen Begründer der gesamtdeutschen Hovawartzucht.

Güstebieser Loose, im Frühjahr 1994   Dr. Volker Wienrich

Inhalt

Warum gerade ein Hovawart?

Die Antwort fällt leicht! Der Hovawart ist ein ausgesprochen schöner Hund – elegant und kraftvoll zugleich. Und – vielleicht noch wichtiger – er zeigt ein ganz ausgezeichnetes Verhalten, verbunden mit einer hohen Lernfähigkeit und Lernbereitschaft. Seit langem lautet das Motto der Hovawart-Züchter: Zucht auf Schönheit und Leistung. Auch die umgekehrte Reihenfolge beider Begriffe ist gebräuchlich, je nachdem, was der einzelne Züchter oder Besitzer als vorrangig ansieht. Beides zusammen macht den Hovawart so vielseitig einsetzbar – vom „ganz gewöhnlichen" treuen Familienhund bis zum „hochqualifizierten" Gebrauchshund.

So ist es nicht verwunderlich, daß diese Hunderasse sich auch weiterhin zunehmender Beliebtheit erfreut. Etwas vermenschlichend könnte man sogar sagen: Der Hovawart ist schön, stark und klug. Natürlich gibt es da – wie bei allen Lebewesen – durchaus individuelle Unterschiede. Davon wird noch öfter die Rede sein, wenn über Beurteilungen bei Ausstellungen, Zuchtprüfungen und hundesportlichen Veranstaltungen zu berichten sein wird.

Schön und stark ist er also, unser Hovawart: ein großer, kräftiger, dabei nicht schwerfälliger Hund, bei dem die Körperproportionen stimmen, sich in Harmonie befinden, mithin ein „Bilderbuchhund". Schon seine äußere Erscheinung flößt Respekt ein. Man sieht ihm an, daß er im Ernstfall in der Lage ist, sein Revier und „seine" Familie zu bewachen und zu verteidigen. So genügt eigentlich schon seine Anwesenheit, um unerwünschte Eindringlinge fernzuhalten. Der Hovawart vereint in sich also Kraft, Beweglichkeit und Eleganz. Hinzu kommt das dichte, vor schlechtem Wetter schützende Langhaar. Nicht selten kam es vor, daß sich unsere Hovawarte im Winter einfach einschneien ließen. Sie sahen dabei recht zufrieden aus, und es hat ihnen nicht geschadet. Ihre außerdem selbstverständlich vorhandene Hundehütte suchten sie nur ausnahmsweise auf.

Hovawartzüchter bieten dem Interessierten bezüglich der „passenden" Farbe eine breite Auswahl; es gibt die Rasse in drei Farbschlägen:

a. schwarzmarkenfarbig = schwarz mit blonden bis braunen Abzeichen an Kopf, Brust, Läufen und Rutenunterseite, den sogenannten
Marken

b. blond – in unterschiedlichen Schattierungen (erwünscht: mittelblond)

c. schwarz einfarbig.

Daß der Hovawart Hängeohren und nicht die Stehohren des Wolfes
besitzt, gibt ihm ein im Grunde gutartiges Aussehen, das seinem
tatsächlichen Wesen entspricht. Soviel zum Aussehen oder – wie man
es auch bezeichnet – der Erscheinung, dem Formwert.

Mindestens ebenso wichtig ist dem Hovawart-Freund der „Charakter" seines Hundes, sein Wesen, die Gesamtheit seiner Verhaltenseigenschaften. Der Hovawart ist eine anerkannte Gebrauchshunderasse, und eine ganze Reihe von Hunden dieser Rasse befindet sich im
„Dienst" als Wachhund für Haus und Hof, aber auch in Betrieben
usw.; dabei ist typisch für den Hovawart, daß er nur dann bellt, wenn
wirklich ein Grund dafür vorhanden ist. Er ist also kein Kläffer.

Seine ausgezeichnete Nasenveranlagung macht ihn geeignet als Rettungshund (was er bei der Katastrophenhilfe weltweit bewiesen hat)
und für den Einsatz bei Polizei, Zoll usw. Trotz dieser Fährtenhunde-
Veranlagung neigt er aber nur wenig zum Wildern, wenn er richtig
erzogen wurde und man diesbezüglich konsequent bleibt. Der ausge-
prägte Schutztrieb des Hovawarts, sein mittleres Temperament und die
vorhandene Härte bei Auseinandersetzungen machen ihn zu einem
ganz ausgezeichneten Begleithund. Dabei sind Hovawarte nicht
aggressiv – es war und ist eines der wichtigsten Ziele der Züchter,
ängstliche und eben auch aggressive Hunde nicht in die Zucht zu
nehmen. Dazu werden umfangreiche Wesensprüfungen durchgeführt,
über die noch zu berichten sein wird.

Hovawarte sind außerdem erfolgreich als Blindenführhunde ausgebildet worden. Der Hovawart ist geradezu liebenswürdig gegenüber
Kindern. Oft haben wir es erlebt, daß so ein 30 bis 40 kg schwerer
Hovawart mit Windeseile durch den Garten stürmte und erst ganz kurz
vor einem Kleinkind zum Stehen kam – dies aber prompt und ganz
zuverlässig. Wichtige Voraussetzung ist aber immer die richtige Erziehung des Hundes. Kinder und Hunde sollten trotzdem grundsätzlich nur
unter Aufsicht zusammensein. Hovawarte fühlen sich besonders stark an
ihr Heim und an ihre „Familien-Meute" gebunden. So neigen sie wenig
zum Streunen, vorausgesetzt, daß ihr Heim auch wirklich ein Zuhause ist.

Insgesamt kann man den Hovawart-Züchtern der vergangenen Jahrzehnte durchaus bescheinigen, daß es ihnen gelungen ist, einen schönen, kräftigen, harmonischen und leistungsfähigen Hund zu züchten, welcher Schutztrieb und Härte sowie ein im Umgang angenehmes mittleres Temperament und eine sehr gute Gebrauchshundeignung aufweist.

Eingangs war von der zunehmenden Beliebtheit des Hovawarts die Rede. Es gibt ihn mittlerweile schon in einer ganzen Reihe von Ländern, und die Zahl der jährlich aufgezogenen Hovawart-Welpen steigt ständig. Weltweit dürften gegenwärtig etwa 20 000 Hovawarte leben, der größte Anteil davon im Ursprungsland Deutschland (um 10 000), weitere in Österreich, der Schweiz, den Niederlanden, Dänemark, Finnland, Schweden, Norwegen, Frankreich, Großbritannien, den USA, vereinzelte auch in der Slowakischen Republik, Tschechischen Republik, Polen, Kanada, Ungarn und Rußland. Er hat also ganz schön Karriere gemacht, der Hovawart: vom Wachhund deutscher Bauernhöfe zum international verbreiteten, anerkannten Gebrauchshund und beliebten Begleit- und Familienhund.

Sollte sich der Leser nach diesen Zeilen zum Kauf eines Hovawarts entschlossen haben, so hat der Verfasser noch eine dringliche Bitte: Kaufen Sie Ihren Hovawart nur bei einem anerkannten Züchter! Nur dann haben Sie eine weitgehende Garantie, daß in Ihrem Hund auch all das steckt, was hier beschrieben wurde.

Ein anerkannter Züchter ist Mitglied in einem der FCI (Fédération Cynologique Internationale) angeschlossenen Verein und besitzt einen entsprechenden Zwingerschutznachweis. In Deutschland ist der VDH (Verband für das Deutsche Hundewesen) Mitglied der FCI. In der VDH-Zeitschrift „Unser Rassehund" finden Sie regelmäßig die Anschriften der Hovawart-Vereine sowie Informationen über geborene Würfe, geplante Verpaarungen, Veranstaltungen und vieles weitere. Einige wichtige Anschriften sind im Anhang dieses Buches aufgeführt. Der größte und wichtigste Hovawartverein in Deutschland ist der „Rassezuchtverein für Hovawart-Hunde e. V.".

Wie sollte ein Hovawart sein?

In dem anschließend abgedruckten Rassestandard (Rassebeschreibung des Ideals, des Optimums) wird bis in Detail genau beschrieben, wie der Hovawart aussehen und wie er sich verhalten soll; auch die unerwünschten Abweichungen werden beschrieben. Dazu hier zunächst einige allgemeingültige Vorbemerkungen.

Rassestandard und Gesundheit

Eines soll ausdrücklich unterstrichen werden: Der Standard des Hovawart enthält keinerlei Forderungen an das Aussehen oder das Verhalten des Hundes, die seiner Gesundheit in irgendeiner Weise abträglich kein könnten.

Das ist leider nicht bei allen Hunderassen so. Angefangen von Forderungen nach „Stuhlbeinigkeit" (d. h. einer besonders steilen Stellung der Hinterläufe, die dann ganz eindeutig mit einem häufigen Auftreten von Hüftgelenksdysplasie verknüpft ist) bis zur Forderung nach einem dreieckig wirkenden und tiefliegenden Auge (welches aber bei einem Teil der Tiere zu extremer Kleinäugigkeit = Mikrophthalmie und damit zur Blindheit führt) gibt es bei verschiedenen Hunderassen eine Vielzahl solcher rassestandardbedingten Extreme.

Anders beim Hovawart: Gefordert werden harmonische Körperproportionen, die eine volle Funktionsfähigkeit des Organismus gewährleisten. Ausdrücklich gefordert werden z. B. Beweglichkeit, ein gesundes Wesen und selbst solche – wichtigen – Details wie Hüftgelenke, die frei von dem Erbfehler Hüftgelenksdysplasie sind.

Rassestandard und Variationsbreite

Wie ein idealer Hovawart sein soll, das beschreibt also der Standard. Aber natürlich entspricht nicht jeder einzelne in allen Positionen dem Idealbild. Es gibt Varianten; auf die gesamte Rasse bezogen gibt es eine Variationsbreite für die Ausprägung der verschiedenen Merkmale und Eigenschaften.

8 Monate alte Junghündin – Tonga v. d. Ehrenpforte

Bei wenigen Merkmalen gibt es nur zwei Möglichkeiten: „vorhanden" oder „nicht vorhanden" (qualitative Merkmale), z. B. für die Haarfarbe Schwarz oder für die Existenz bestimmter Zähne. Die Mehrzahl der Merkmale dagegen ist von Hund zu Hund in unterschiedlichem Maße ausgeprägt (quantitative Merkmale). Für die Häufigkeit des Auftretens der Merkmale innerhalb einer Population (Tiergruppe, z. B. Rasse, Linie oder Familie) gibt es Gesetzmäßigkeiten, die sich in der Gaußschen Kurve graphisch darstellen lassen.

Für die Darstellung der Häufigkeit und der Variationsbreite eines Merkmals wird nachfolgend das Beispiel der Widerristhöhe bei Hovawart-Hündinnen gewählt.

Die zulässige Variationsbreite liegt zwischen 58 cm und 65 cm bis zu einem Maximum von 67 cm.

13

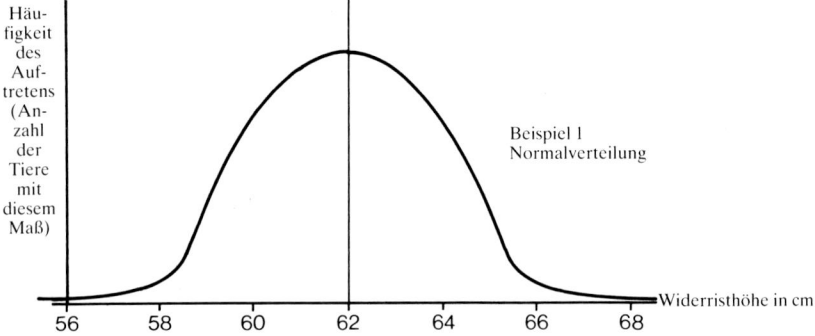

Häufigkeit des Auftretens (Anzahl der Tiere mit diesem Maß)

Beispiel 1
Normalverteilung

Widerristhöhe in cm

56   58   60   62   64   66   68

Normalverteilung: Das rechnerische Mittelmaß von 62 cm tritt bei dieser Situation am häufigsten, die Extreme von kleinen (56 cm) bzw. großen (68 cm) treten am seltensten auf.

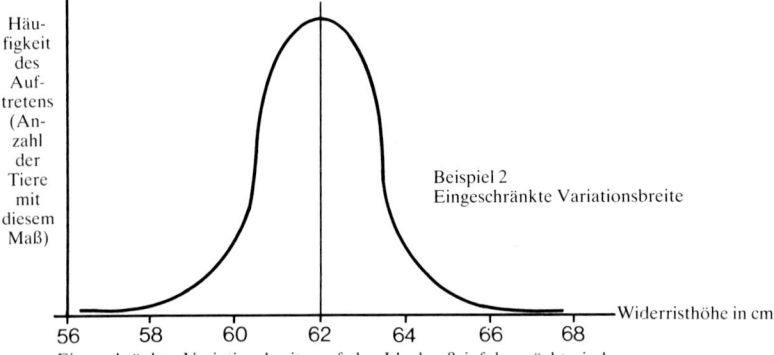

Häufigkeit des Auftretens (Anzahl der Tiere mit diesem Maß)

Beispiel 2
Eingeschränkte Variationsbreite

Widerristhöhe in cm

56   58   60   62   64   66   68

Eingeschränkte Variationsbreite auf das Idealmaß infolge züchterischer Arbeit. Die Extreme sind seltener, das Idealmaß tritt häufiger auf.

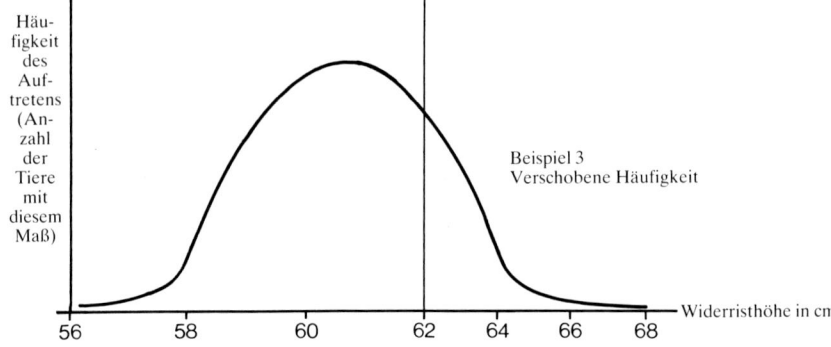

Häufigkeit des Auftretens (Anzahl der Tiere mit diesem Maß)

Beispiel 3
Verschobene Häufigkeit

Widerristhöhe in cm

56   58   60   62   64   66   68

14 Verschobene Kurve infolge falscher züchterischer Arbeit. Die Anzahl zu kleiner Hündinnen ist häufiger geworden.

Der Rassestandard des Hovawart

Vor dem Lesen des Standard-Textes empfiehlt sich das Studium der nachfolgenden Abbildungen (wenngleich diese nicht in allen Details einen Hovawart darstellen).

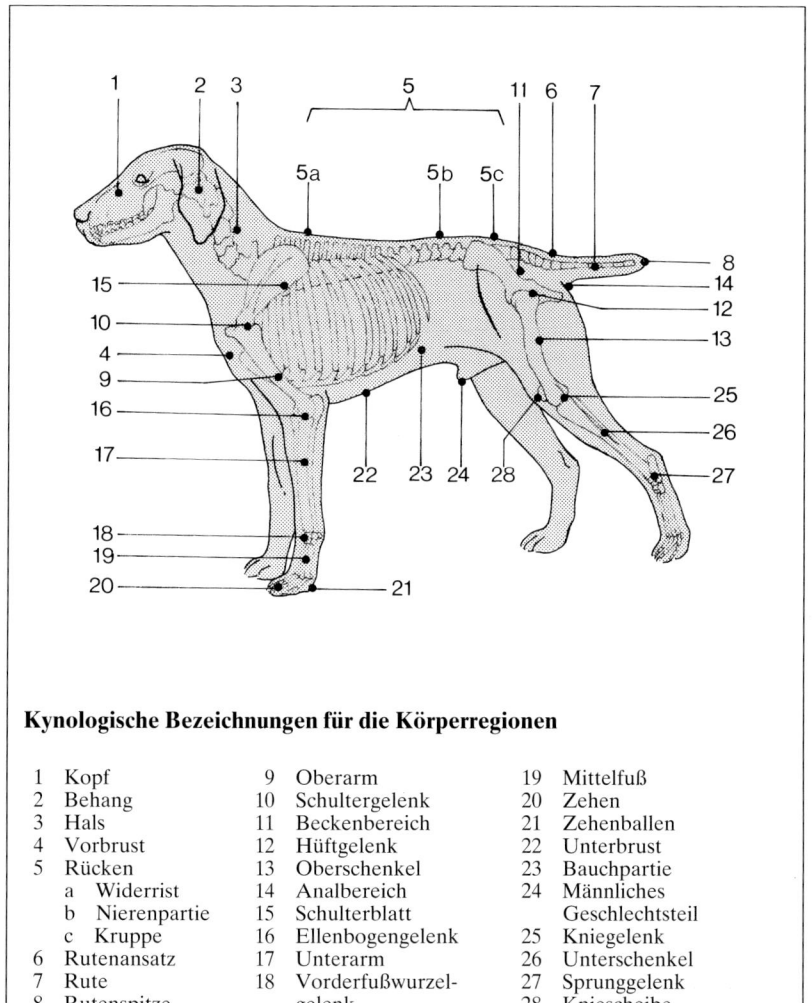

Kynologische Bezeichnungen für die Körperregionen

1	Kopf	9	Oberarm	19	Mittelfuß
2	Behang	10	Schultergelenk	20	Zehen
3	Hals	11	Beckenbereich	21	Zehenballen
4	Vorbrust	12	Hüftgelenk	22	Unterbrust
5	Rücken	13	Oberschenkel	23	Bauchpartie
	a Widerrist	14	Analbereich	24	Männliches
	b Nierenpartie	15	Schulterblatt		Geschlechtsteil
	c Kruppe	16	Ellenbogengelenk	25	Kniegelenk
6	Rutenansatz	17	Unterarm	26	Unterschenkel
7	Rute	18	Vorderfußwurzel-	27	Sprunggelenk
8	Rutenspitze		gelenk	28	Kniescheibe

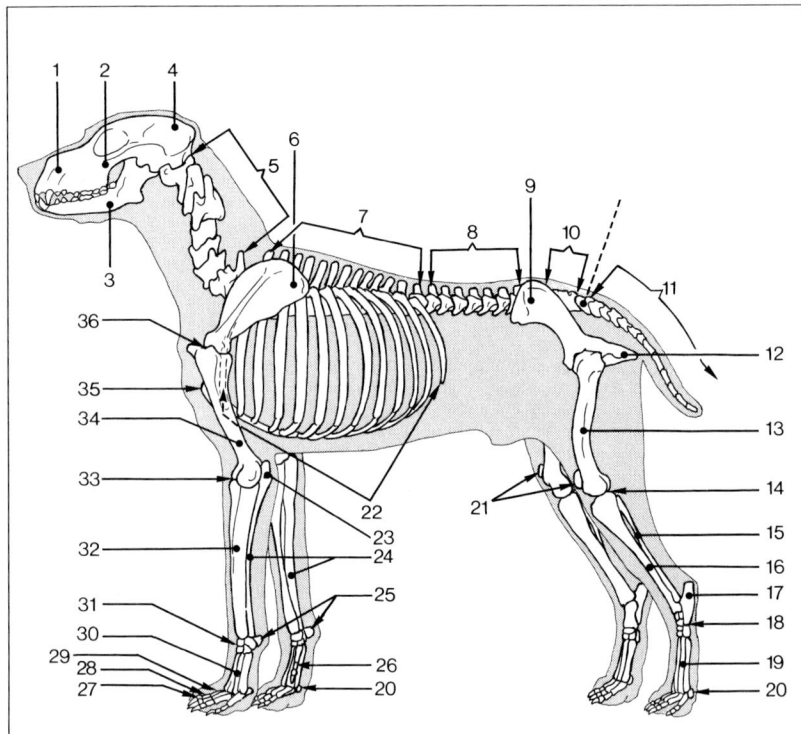

Skelett des Hundes (Jagdhund, Deutschkurzhaar, mit kupierter Rute) nach Steuert 1955

1	Oberkiefer	12	Sitzbein (os ischii)	25	Erbsenbein (os carpi accessorium)
2	Jochbein	13	Oberschenkelbein	26	Verkümmerter Daumen
3	Unterkiefer	14	Kniegelenk	27	Drittes Zehenglied
4	Hinterhauptbein	15	Wadenbein	28	Zweites Zehenglied
5	7 Halswirbel	16	Schienbein	29	Erstes Zehenglied
6	Schulterblatt	17	Sprungbeinhöcker	30	Mittelfußknochen
7	13 Brustwirbel	18	Sprunggelenk	31	Vorderfußwurzel
8	7 Lendenwirbel	19	Mittelfußknochen	32	Speiche
9	Darmbein (os ilium)	20	Sesambein	33	Ellenbogengelenk
10	3 Kreuzwirbel	21	Kniescheibe	34	Oberarmbein
11	20–23 Schwanzwirbel (in der Abb. kupiert)	22	13 Rippen	35	Brustbein
		23	Ellenbogenhöcker	36	Schultergelenk
		24	Elle		

16

Der Kopf des Hundes

1 Schädeldecke
2 Stirn
3 Stop (Stirnabsatz)
4 Fang
5 Nasenspiegel
6 Auge und Augenlider
7 Gebiß (Unterkiefer)
8 Lefzen
9 Zunge
10 Ohransatz
11 Behang
12 Halsansatz

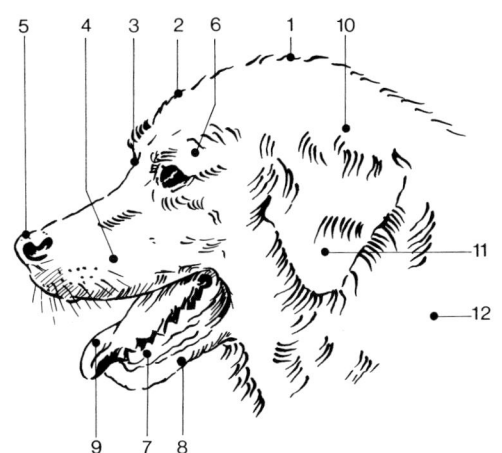

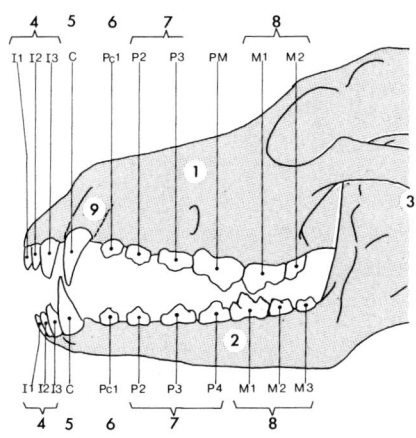

Das Gebiß des Hundes

1 Oberkiefer
2 Unterkiefer
3 Kiefergelenk
4 Schneidezähne (Incisivi 1-2-3)
5 Fangzahn (Caninus)
6 Lückzahn 1 (auch Postcaninus
    genannt) (bisher Prämolar 1)

7 Lückzähne (Prämolaren 2-3-4)
8 Backenzähne (Molaren 1-2-3)
9 Zahnwurzelbereich

PM (früher P 4) im Oberkiefer =
prämolarer Reißzahn
M1 (Molar 1) = molarer Reißzahn

17

Standard (FCI Nr. 190)

Allgemeines Erscheinungsbild des Hundes. Der Hovawart ist ein kraftvoller, mittelgroßer, gestreckter, langhaariger Gebrauchshund. Die Geschlechtsunterschiede sind vor allem an Kopfform und Körperbau deutlich erkennbar. Bei Rüden müssen beide voll ausgebildeten Hoden im Hodensack fühlbar sein.
Wichtige Maßverhältnisse. Die Rumpflänge beträgt mindestens 110 % der Widerristhöhe.
Verhalten und Charakter. Er ist ein anerkannter Gebrauchshund zu vielseitiger Verwendung. Von der Veranlagung her ausgeglichen und gutartig, besitzt er Schutztrieb, Härte, mittleres Temperament und eine sehr gute Nasenveranlagung. Für einen Gebrauchshund harmonisch abgestimmte körperliche Verhältnisse und eine besondere Bindung an seine Familie machen ihn zu einem hervorragenden Begleit-, Wach-, Schutz- und Fährtenhund.

Kopf

Kopfform. Der kräftige Kopf hat eine breite, gewölbte Stirn. Die Kopfhaut liegt stramm an. Der Nasenrücken ist gerade und bildet eine Parallele zum Oberkopf. Nasenrücken und Oberkopf (Spanne zwischen Hinterhauptbein und Stop) sind in etwa gleich lang. Der Stop ist leicht, aber erkennbar. Der kräftige Fang verjüngt sich leicht, sowohl von der Seite als auch von oben gesehen, wirkt aber nicht keilförmig. Die Lefzen liegen fest an und sind dunkel pigmentiert.
Die Nase ist stark pigmentiert und mit gut ausgebildeten Nasenlöchern.
Die Augen sind rund bis oval, weder hervortretend noch tiefliegend. Ihre Farbe ist dunkel- bis mittelbraun.
Behang. Die dreieckigen Hängeohren liegen locker an und verdecken die Ohröffnung. Sie sind weit auseinanderstehend angesetzt, den Oberkopf optisch verbreiternd, und reichen in ihrer Länge bis in Höhe des Unterkiefers (Fangwinkel). Die Vorderkante liegt etwa auf der Mitte zwischen Auge und Hinterhauptbein.

Kopfstudie – blonder Rüde Falk v. Schondratal

Gebiß. Der Hovawart hat ein vollständiges (42 Zähne), kräftiges Scherengebiß; Zangengebiß ist zulässig.
Der kräftige **Hals** ist mittellang.

Körper

Brust. Die harmonisch zum Gesamtbild passende Brust ist breit, tief und kräftig.
Der Rücken ist gerade und fest mit leicht abfallender, nicht zu langer Kruppe.
Die Rute reicht bis unterhalb des Sprunggelenkes, aber nicht bis zum Boden. Sie wird je nach Stimmung bis über den Rücken hochgeschwungen oder gesenkt getragen.

Gliedmaßen

Die Vorhand ist gerade und kräftig, mit sehr gut bemuskelter Schulterpartie. Das Schulterblatt ist lang und gut schräg zurückliegend, so daß

19

die Ellenbogen gut unter dem Körper stehen. Der Oberarm ist lang und liegt eng am Körper an. Die Pfoten sind rund, geschlossen und gewölbt. Der Vordermittelfuß ist mäßig schräg gestellt.
Die Hinterhand ist gut gewinkelt, Ober- und Unterschenkel stark bemuskelt. Die Hüftgelenke sind frei von Hüftgelenksdysplasie. Die Sprunggelenke sind sehr kräftig und tiefstehend, die Pfoten geschlossen und gut gewölbt. – Vorhandene Afterkrallen sind zu entfernen.
Das Gangwerk zeigt einen weit ausgreifenden Trab.
Die Haut ist insgesamt straff anliegend und gut pigmentiert (Blauschimmer). Pigmentierung an Lidern, Nasenschwamm, Lefzen und Ballen entsprechend den Farben.

Haarkleid

Beschaffenheit des Haarkleides. Das auffallend schöne Langhaar ist leicht gewellt und geschlossen. Besonders ausgebildet ist es an der Brust, der Befederung der Läufe, an den Hosen und der buschig behaarten Rute.
Farbe. Den Hovawart gibt es in drei Farbschlägen: Schwarzmarken, Schwarz und Blond.

Schwarzmarken

Das Haarkleid ist schwarz und glänzend, die Farbe der Markenzeichnung mittelblond. Am Kopf beginnt die Zeichnung unterhalb des Nasenrückens und reicht um die Maulwinkel herum bis in die Kehlmarke. Die Punkte über den Augen sind deutlich sichtbar. Die Brustmarke besteht aus zwei nebeneinanderliegenden Flecken, die miteinander verbunden sein können. An den Vorderläufen reichen die Marken, von der Seite gesehen, von den Zehen bis etwa zum Vordermittelfußgelenk und laufen nach hinten in Höhe des Rumpfes aus.
An den Hinterläufen reicht die Zeichnung fast bis zur Bauchdecke. Von der Seite gesehen ist die Marke oberhalb des Sprunggelenkes nur als schmaler Streifen sichtbar. Auch unterhalb des Rutenansatzes ist eine Markenzeichnung vorhanden. Die Zeichnung ist in allen Bereichen klar abgegrenzt.
Ein kleiner weißer Brustfleck, der in den größten Ausmaßen 6 cm nicht überschreiten darf, sowie einzelne weiße Haare an Zehen und Rutenspitze sind zulässig. Die Pigmentierung an Lidern, Nasenschwamm, Lefzen und Ballen ist schwarz.

Schwarz

Das Haarkleid ist schwarz und glänzend. Ein kleiner weißer Brustfleck, der in den größten Ausmaßen 6 cm nicht überschreiten darf,
sowie einzelne weiße Haare an Zehen und Rutenspitze sind zulässig.
Die Pigmentierung an Lidern, Nasenschwamm, Lefzen und Ballen ist
schwarz.

Blond

Die mittelblonde Decke reicht vom Nasenrücken bis zur Rutenspitze
und wird zu den Läufen und zum Bauch hin heller. – Ein kleiner weißer
Brustfleck, der in den größten Ausmaßen 6 cm nicht überschreiten
darf, sowie einzelne weiße Haare an Zehen und Rutenspitze sind
zulässig. Die Pigmentierung an Lidern, Nasenschwamm, Lefzen und
Ballen ist dunkel bis schwarz.

Größe

Widerristhöhe. Rüde 63 bis 70 cm; Hündin 58 bis 65 cm.
Das Gewicht ist der Größe entsprechend, um die Arbeitsfähigkeit zu
erhalten.
Fehler. Alle Abweichungen von der Standardbeschreibung sind fehler-
haft.
Disqualifizierende Fehler. Nachstehend aufgeführte Fehler schließen
eine Wertnote, die zur Zucht zuläßt, aus:
– im Phänotyp nicht dem Rassebild entsprechende Hunde,
– stark rüdenhafte Hündinnen,
– stark hündinnenhafte Rüden,
– Hunde mit quadratischem Körperbau,
– aggressive, ängstliche, schußscheue oder lethargische Hunde,
– Hunde mit fehlendem Stop,
– Hunde mit angeborener Blindheit,
– Hunde mit Steh-, Kipp- oder Rosenohren,
– Hunde mit Vorbiß, Rückbiß oder Kreuzbiß,
– Hunde, denen mit Ausnahme der P1 oder M3 andere Zähne fehlen,
– Hunde mit fehlendem Schluß der Reißzähne
  (Prämolaren + Molaren),
– Hunde mit ausgeprägter Wamme oder stark loser Kehlhaut,
– Hunde mit zu schmaler oder tonnenförmiger Brust,

- Hunde mit starkem Senk- oder Karpfenrücken,
- Hunde mit einer Anomalie der Schwanzwirbel, stark verkürzter Rute oder ausgeprägter Ringelrute,
- Hunde mit stark überhöhter Hinterhand oder HD-Befall,
- Hunde mit durchweg gelocktem Haarkleid (geschlossene Locken),
- alle Hunde mit Farben, die nicht im Standard beschrieben sind, z. B. Blaugrau, Wildfarben, Braun, Weiß, Gescheckt sowie überwiegend mehrzoniges Haar,

Schwarzmarken
- Hunde mit weißen Abzeichen (außer an der Brust),
- Hunde mit grauen oder braunen Flecken außerhalb der Markenzeichnung sowie überwiegend andersfarbiger als schwarzer Unterwolle,
- Hunde mit überwiegend grauer oder weißlicher Markenzeichnung,

Blonder Rüde
Chris v. Bergedorf

Schwarzmarkenfarbige Hündin – dem Standard entsprechend, Rakete v. d. Ehrenpforte

Blond
– Hunde mit durchgehend rotblonder Farbe ohne Aufhellung,
– weißlich-blonde Hunde mit ebensolchen Behängen,
– blonde Hunde mit deutlich weißer Markenzeichnung,
– Hunde mit weißen Abzeichen (außer an der Brust),
– Hunde mit dunklen bis schwarzen Abzeichen oder Maske,

Schwarz
– Hunde mit weißen Abzeichen (außer an der Brust),
– Hunde mit grauen oder braunen Flecken oder überwiegend andersfarbiger als schwarzer Unterwolle,
– Hunde mit Untergröße,
– Hunde mit Übergröße von mehr als 3 cm.

Hovawart-Ausstellungen

Hovawart-Ausstellungen haben meist den Charakter eines großen Familientreffens, was wohl auch mit dem Wesen dieser Hunde und dem der Mehrzahl ihrer Besitzer zu tun hat. Ausstellungen haben aber auch Bedeutung für die Zucht. Sie ermöglichen eine gewisse Übersicht der erreichten Qualität und sind insofern auch ein Wettbewerb der Züchter. Für die Hovawart-Besitzer zeigt sich, wer es am besten verstanden hat, seinen Welpen so aufzuziehen, daß er sich körperlich und in seinem Verhalten optimal entwickeln konnte. Und natürlich kann jeder stolze Hovawart-Besitzer durch die Teilnahme dazu beitragen, daß die Rasse öffentlich und werbewirksam bekanntgemacht wird.

Für die meisten Aussteller ist das „Dabeisein" das wichtigste und natürlich der umfangreiche Erfahrungsaustausch zum Thema Hova-

24 *Substanzvoller schwarzer Rüde – Fiete v. Etz*

wart. Für Neulinge also eine sehr günstige Gelegenheit, von dem Wissen der „Profis" zu lernen, und für potentielle Hovawart-Besitzer die beste Möglichkeit, die Rasse kennenzulernen, Qualitätsunterschiede zu sehen und Kontakte zu Züchtern zu knüpfen. Überhaupt empfiehlt es sich, vor der ersten Teilnahme mit eigenem Hund sich das Ganze schon einmal als Zuschauer anzusehen.

Voraussetzung für die Teilnahme ist die fristgerechte Anmeldung (etwa vier Wochen vor dem Ausstellungstermin); Termine und Anschriften finden Sie in der VDH-Zeitschrift „Unser Rassehund". Notwendig sind dann ein gültiger Impfschutz und eine ebensolche Haftpflichtversicherung. Und natürlich sollte man seinen Hovawart nur in bestem Pflegezustand zur Ausstellung bringen. Läufige Hündinnen dürfen sich auf Ausstellungen nicht sehen und vor allem nicht riechen lassen – sie würden sämtliche Rüden in helle Aufregung versetzen und vom eigentlichen Geschehen ablenken.

Von einem ausgestellten Hovawart erwartet man, daß er sich diszipliniert im Ausstellungsring bewegt. Er darf sich also nicht mit Spiel- oder schlimmeren Absichten auf andere Hunde stürzen. Er muß sich vom Richter anfassen und u. a. auch sein Gebiß kontrollieren lassen (was der Besitzer vorher unbedingt mit dem Hund geübt haben sollte).

Die Bewertungskriterien der Zuchtrichter sind sowohl das Aussehen als auch die Beweglichkeit und das Verhalten. Der Hund wird im Stand, aber auch in der Bewegung (und dies ausgiebig) beurteilt. Das stellt gewisse Mindestansprüche an die Kondition des Vorführenden. Ein durch den Trubel des Ausstellungsgeschehens deutlich beeindruckter, vielleicht sogar ängstlicher Hund „zeigt sich nicht", hat also auch keine Chance, eine besonders gute Bewertung und Plazierung zu erzielen. Es ist also auch aus diesem Grund sehr wichtig, den Hovawart schon von früher Jugend an überall mit hinzunehmen, ihn an die verschiedensten Umwelteinflüsse zu gewöhnen.

Der Hund kann – sofern er deutlich besser als die Mitbewerber ist – eine ganze Reihe von Siegertiteln erwerben. Das sind auf allgemeinen (d. h. mit Hunden vieler Rassen besetzten) Ausstellungen der Titel Bundessieger (einmal jährliche Bundessiegerzuchtschau), Europasieger oder gar Weltsieger (an zwischen den FCI-Mitgliedsländern jährlich wechselnden Ausstellungsorten). Auf Spezialausstellungen des Rassezuchtvereins kann er Landessieger werden, sofern er aus dem entsprechenden Bundesland kommt. Die wichtigste Spezialausstellung ist die Clubsiegerschau (Titel Clubsieger).

Schwieriger ist es, Champion zu werden. Dazu ist ein Spitzenplatz zum Erwerb mehrerer Anwartschaften auf verschiedenen Ausstellungen erforderlich. Zu unterscheiden sind: Internationaler Champion (Anwartschaft = CACIB = Certificat d'aptitude au Championat international de Beauté), Deutscher Champion (Anwartschaft = CAC = Certificat d' aptitude au Championat de Beauté) = VDH-Champion und IHF-Champion (IHF = Internationale Hovawart-Föderation). Für die Gebrauchshunderasse Hovawart ist ein Abrichtekennzeichen Voraussetzung für die Vergabe eines internationalen Champion-Titels.

Die einzelnen Regeln und Festlegungen über die Teilnahme an Ausstellungen, die Bedingungen für den Erwerb von Siegertiteln u. a. m. finden sich in der VDH-Ausstellungsordnung. Dort ist beispielsweise auch der Grundsatz enthalten, daß die Entscheidung über die Bewertungsnote und die Plazierung alleinige Sache des Zuchtrichters ist, der nach einer umfangreichen Ausbildung dafür fachlich kompetent ist. Diskussionen über das Ergebnis sind daher nicht angebracht und auch nicht üblich.

Je nach der Qualität des vorgestellten Hundes kann der Zuchtrichter folgende Bewertungsnoten vergeben: vorzüglich (V), sehr gut (Sg), gut (G), genügend oder ungenügend. Für die Jüngstenklasse gibt es die Bewertungsmöglichkeiten „vielversprechend" und „versprechend". Maßstab für die Bewertung ist grundsätzlich der Rassestandard. An dem dort beschriebenen Idealbild wird jeder Hovawart gemessen.

Die für eine Ausstellung gemeldeten Hovawarte werden – nach Geschlechtern getrennt – in unterschiedlichen Gruppen (Klassen) beurteilt: Jüngstenklasse: Junghunde im Alter von 6 bis 9 Monaten; Jugendklasse: 9 bis 18 Monate alt; Offene Klasse: ab 15 Monate alte Hunde; Gebrauchshundeklasse: ab 15 Monate alte Hunde mit Abrichtekennzeichen; Championklasse: ab 15 Monate alte Hunde mit Championtitel; Ehrenklasse: mit Titel „Internationaler Champion"; Veteranenklasse: ab 8 Jahre alte Hunde.

Für den Hovawart ist eine der Voraussetzungen zur Zuchtzulassung die Teilnahme an mindestens einer Ausstellung, wobei die Bewertung nicht schlechter als „gut" gewesen sein darf.

Die Entwicklung vom Wolf zum Haushund

Durch Funde von Überresten (Schädeln, Knochen u. a.) konnte die Wissenschaft nachweisen, daß bereits vor etwa 13 000 Jahren Hunde von Menschen als Haustiere gehalten worden sind. Es ist daher durchaus berechtigt, wenn der Hund als ältestes Haustier bezeichnet wird.

Als Haustier bezeichnet man allgemein eine dem freien Wildbestand entstammende Tierart, die in unterschiedlichem Grade gezähmt und in eine mit fortlaufender Auswahl verbundene Zucht genommen wurde. Ein solches Haustier weist dementsprechend meistens wesentliche körperliche und psychische Veränderungen gegenüber der Wildform auf, zeigt aber auch eine große Zahl von Merkmalen und Eigenschaften, die bei der Stammform vorhanden sind.

Lange Zeit wurde angenommen, daß unterschiedliche Gruppen von Hunden von unterschiedlichen Wildtierarten abstammen. Dabei wurden manchen Hunderassen die Wölfe, anderen die Schakale als Vorfahren zugeordnet. Aus dieser angeblich unterschiedlichen Abstammung wurden dann auch Qualitätsunterschiede zwischen den Hunderassen abgeleitet. Eine solche Theorie vertrat, den Hovawart betreffend, auch einer der Herauszüchter der Rasse, KURT F. KÖNIG.

Umfangreiche Forschungen haben jedoch bewiesen, daß unsere Haushunde allein von Wölfen abstammen. Schakale unterscheiden sich in Chromosomenzahl, Zahnmerkmalen, Gehirnstruktur, in der Zusammensetzung des Blutes und einiger anderer Körpersubstanzen viel mehr vom Hund als der Wolf. Auch Kreuzungsversuche zwischen Wölfen und Hunden einerseits sowie zwischen Schakal und Hund andererseits haben weitere Beweise für die Wolfsabstammung des Hundes gebracht.

Es ist nun aber nicht so, daß etwa alle Haushunde der Welt auf ein Wolfspaar zurückgingen, sondern die Zähmung und Haustierwerdung des Wolfes muß hunderte-, ja vielleicht tausendemal erfolgt sein. Dabei ist es wichtig zu wissen, daß der Wolf (der auf der ganzen nördlichen Halbkugel verbreitet war) in sehr vielen verschiedenen Rassen auftrat. Diese Wolfsrassen unterscheiden sich untereinander sehr stark, z. B. in der Fellfarbe und in der Körpergröße. U. a. hieraus

27

läßt sich die außerordentlich große Verschiedenheit der heutigen Hunderassen erklären.

Die körperlichen Unterschiede zwischen den Hunderassen sind so vielfältig wie bei kaum einer anderen Tierart. Leider sind die vom Menschen gezüchteten Varianten zum Teil so extrem in der Ausprägung mancher ihrer Merkmale, daß sie der Gesundheit der Hunde abträglich sind.

Die Unterschiede zwischen der Wildform Wolf und der Haustierform Hund sind bezüglich der körperlichen Merkmale jedenfalls unübersehbar.

Von den Verhaltenseigenschaften des Wolfes sind nicht wenige bei unseren Haushunden erhalten geblieben, andere haben sich im Lauf der Jahrtausende mehr oder weniger verändert. Der Verhaltensforscher KONRAD LORENZ spricht von dem Freiwerden von den starren Bahnen des instinktiven Verhaltens, das dem Hund neue Handlungsmöglichkeiten eröffnete, und von einer Verjugendlichung des Hundes im Vergleich zum Wolf. ERIK ZIMEN vergleicht Wolf und Hund sehr detailliert. Nach seinen Beobachtungen gibt es z. B. kaum Unterschiede im Geburtsverhalten und in der Welpenaufzucht zwischen Hündin und Wölfin; erhebliche Veränderungen sind jedoch z. B. in den Verhaltensweisen des Schutzes und der Verteidigung oder auch im Ausdrucksverhalten eingetreten. ZIMEN stellt fest, daß viele Verhaltensweisen des Wolfes beim Hund in mehr oder weniger stark abgeänderter Form auftreten. Der Hundehalter sollte sich immer darüber im klaren sein, daß eine ganze Reihe der angeborenen Verhaltensmerkmale des Wolfes beim Hund noch vorhanden sind – und sei es nur in zum Teil abgewandelter oder abgeschwächter Form.

Als Folge systematischer Zucht gibt es große Unterschiede zwischen den Hunderassen, darunter sinnvolle wie z. B. die speziellen Jagdeignungen der entsprechenden Rassen oder ausgesprochen unerfreuliche und gefährliche wie die Überschärfe mancher einseitig auf Aggressivität gezüchteter Rassen oder Kreuzungen.

Die Legende vom „hovewart"

In der Vergangenheit und insbesondere in den Jahren von 1933 bis 1944 hat es nicht an Versuchen gefehlt, den Hovawart als eine uralte Rasse zu beschreiben, die schon die Germanen hielten und die auch im Mittelalter sehr verbreitet war und die nun rekonstruiert und gerettet worden sei. Als „Beweis" wird angeführt, daß die Begriffe „hovewart" und „hofwart" bereits in einigen Schriften des Mittelalters auftauchen, so z. B. im Schwabenspiegel, einem Rechtsbuch des 13. Jahrhunderts: „Ein hunt heizet ein hovewart, der einen man sîns hûze und sîns hoves huotet naht und tac . . ." (Ein Hund heißt ein hovewart, der jemandes Häuser und Höfe Tag und Nacht hütet . . .). Die Übersetzung der aus dem Mittelhochdeutschen entlehnten Rassebezeichnung Hovawart wäre also: Hofwächter.

Ein Spruchdichter des 13. Jahrhunderts sagt: „Ich waere ungerne dâ ein wint / da die stumpfen hovewart / werder danne de winde sint." (Ich würde da nicht gerne ein Windhund sein, wo die stumpfen hovewart für wertvoller gehalten werden als die Windhunde.) So werden hovewart und hofwart in mittelalterlichen Schriften noch öfter erwähnt. Das alles beweist aber lediglich, daß es offenbar große, derbe und kräftige Wachhunde – eben Hofwächter – bereits in dieser Zeit gab, die ja vielleicht in einer Reihe von Merkmalen auch unseren heutigen Hovawarten geähnelt haben mögen.

Auch die oftmals aufgestellte These, daß auf ALBRECHT DÜRERS Kupferstich „Ritter, Tod und Teufel" (1513) ein Hovawart dargestellt sei, ist zumindest fragwürdig; es könnte sich ebenso um einen der damals schon verbreiteten Jagdhunde handeln. Es war insbesondere KURT F. KÖNIG, der nach dem Beginn der systematischen Zucht des Hovawarts im Jahr 1922 die Theorien von der Rettung des Germanenhundes durch Rekonstruktion veröffentlichte und den Hovawart als den „ersten wölfischen Haushund" überhaupt herausstellte. Das war in seiner Zeit als Zuchtleiter (1934–1945) sicher werbewirksam und vorteilhaft, ist aber dennoch unrichtig. Eine unmittelbare Linie vom Wolf über die Hunde der Germanen und die Hofhunde des Mittelalters zum heutigen Hovawart ist nicht herstellbar.

*Kupferstich aus dem
Jahr 1513 „Ritter,
Tod und Teufel"
von A. Dürer*

KÖNIG vertrat die Auffassung, daß der Hovawart von nordischen Wolfsrassen abstamme, während andere Hunde von Schakalen stammen sollten oder Mischformen darstellten wie z. B. der Deutsche Schäferhund. Daß diese Theorie nicht stimmen kann, weil inzwischen die Wolfsabstammung aller Haushunderassen nachgewiesen ist, liegt auf der Hand. So ist auch die Theorie von der besonderen Rolle des Hovawarts in der Kynologie (KÖNIG: „Eine eigene Art also – nicht nur eine Rasse!") heute überholt. Die wesentliche Beteiligung KÖNIGS bei der Herauszüchtung des Hovawarts dürfte dennoch unbestreitbar sein, verfügte er doch über wichtige theoretische Kenntnisse und praktische Erfahrungen und Möglichkeiten der Zucht, wobei offenbleibt, ob er diese immer in der von uns heute als richtig erkannten Art und Weise nutzte.

Zuchtgeschichte des Hovawarts –
von den Anfängen bis 1945

Die ersten Versuche zur Herauszüchtung des Hovawarts gehen auf die Jahre vor 1910 zurück. KURT F. KÖNIG veröffentlichte ein Zuchtergebnis seines Vaters BERTRAM KÖNIG. Ein solcher Hund kam zwischen

Der Hund, den Benno Adam 1869 auf dem Bild „Hundefamilie mit altem Gaul" dargestellt hat, könnte beinahe ein „reinrassiger" Hovawart sein, zumal zwei seiner Welpen bereits das Blond des Hovawarts aufweisen. Das Bild illustriert deutlich, daß es diese Art Bauernhunde gab, bevor man sie zur Rasse erhob. Bildsammlung Georg Schäfer, Schweinfurt

31

1908 und 1910 zu Professor ALBERT HEIM in die Schweiz, der den Hund als „Berner Sennenhund" beschrieb. Durch den Ersten Weltkrieg wurden diese züchterischen Anfänge vollständig unterbrochen.
Der eigentliche Beginn der Hovawartzucht liegt im Jahr 1922. In Thale/Harz wurde der „Hovawart-Verein für Deutsche Schutzhunde e. V., Sitz Thale" gegründet. Gründungsmitglieder waren die Herren BUSCH, KÖNIG, GEISER, KRÜGER, BECKER, VECKENSTEDT und BARNISKE. Vermutlich war das Ziel der ersten Züchter des Hovawarts die Erhaltung des damals noch vorhandenen (und auch heute immer wieder gelegentlich noch auftretenden) langzotthaarigen „altdeutschen Schäferhundes". Der Name Hovawart war von v. STEPHANITZ in seinem Buch „Der deutsche Schäferhund" für den direkten Vorfahren des Deutschen Schäferhundes verwendet worden.

Mit dem Wurftag 3. April 1922 wurde die erste Eintragung in das Zuchtbuch des Hovawart-Vereins für Deutsche Schutzhunde vorgenommen; es handelte sich um einen Kuvasz-Wurf „König-Treseburg" (Eltern: Baron R1/22 und Ortud Husdan R2/22; Welpen: 1 Rüde grau, 3 Hündinnen hellblond). Die nachfolgenden Eintragungen erfassen fast ausschließlich Würfe aus Thale und Umgebung. Die eingetragenen Tiere sind grau, hellblond, blond, markenschwarz, schwarz, wildfarben, schwarzmarkenfarbig, schwarzgrau. Es folgte ein Leonberger-Wurf, dann eine Verpaarung Leonberger × Schweizer Sennenhund, der aber nicht zur Weiterzucht verwendet wurde.

Von Bedeutung war dann eine Verpaarung Deutscher Schäferhund × Typhund. Hauptsächliche Varianten waren zunächst die Verpaarungen Neufundländer × Typhund (die damaligen Neufundländer waren deutlich leichter als die heutigen) und Neufundländer × Deutscher Schäferhund. Im Zuchtbuch werden immer wieder als Eltern Hovawarttypen (= Typhunde) angeführt, die nach KÖNIGS Bericht aus dem Harz und dem hessischen Odenwald stammten. Einige Anmerkungen zu diesen Typhunden sollen am Schluß dieses Kapitels folgen. Im Jahr 1932 waren nach Untersuchungen von HEINZ RADAM praktisch zwei Linien entstanden, die rein statistisch folgende unterschiedliche Anteile der Ausgangspopulationen führten:

C-Meyer-Busch: 45 % Typhunde / 12 % Neufundländer / 15 % Kuvasz / 28 % DSH

Geiser: 70 % Typhunde / 12 % Neufundländer / 8 % Kuvasz / 10 % DSH.

Kraftvoller blonder Rüde

Außerdem gab es Nebenlinien mit einem Leonberger-Anteil.

RADAM bezeichnet als wichtigsten Hund der Hovawartzucht den Rüden Castor Meyer-Busch aus dem Jahr 1932. Er prägte, da mit ihm die erste Durchzüchtung der Rasse in den 30er Jahren erfolgte, entscheidend das Bild des Hovawarts. Die Kopie einer Ahnentafel aus dem Jahr 1949 zeigt ein Beispiel dafür (s. S. 34).

1937 wurde der Hovawart als Rasse offiziell anerkannt. 1940 kreuzte KÖNIG noch einen sogenannten afrikanischen Wildhund ein, der nicht näher beschrieben wurde. KÖNIG erweiterte im Zeitraum 1934 bis 1945 die Zuchtbasis durch immer wieder neue Aufnahme von Typhunden („Findlingen"), wobei ein einheitlicher Typ nicht erreicht und in der Zucht keine klare Linie mehr erkennbar wurde.

Zuchtbuchamt der ...zucht
HOVAWARTE und HEL..WARTE
② Sandhatten über Oldenburg

Leistungszucht-Ausweis für Hovawart   Rüden/Hündin

Zuchtbezeichnung: CITA(Evers)	Soll	Markierung	festgestellt
	2215/49-7	5+2 →6+	
	rechts / links	rechts / links	

aus Wurf vom 21.5.49			Geschl. Namen	Farben	St.-R.-No.	Züchter
geboren wurden	2	6	R CURO	schwarzmk.	2215/49-1	Friedel Evers
davon lebend am 1. Tag	2	5	R CASTOR	"	2215/49-2	
getötet wegen			H CORA	"	2215/49-3	Schenefeld-
Aufzucht b. d. Mutter	2	5	H CUNNA	"	2215/49-4	Blankenese
bei Amme - künstlich			H CARIN	"	2215/49-5	
vor Meldung eingegangen			H CARLA	" -	2215/49-6	Feldweg 13
zur Eintragung gem.	2	5	H CITA	" -	2215/49-7	
Bemerkungen:						

Züchterwahl - V. Gesperrt - M.

Vaterseite

Eltern	Gross-Eltern	Ur-Grosseltern	Blutführung
Leistungs-Anlagen: Sg-V SDH Erscheinung: V ARKO (Gerbsch) Hz 1001/43 Ausbildung: HST 439/37 Beruf:	LA: V SDH V E: RKS/ZS KUON(König 1) HZ 338/35	LA: V SDH E: V RS/KS/ZS CASTOR(Meyer-Busch) HZ 230/32 WDH	ASSO(Liesecke) SDH HZ 215/30 Sch
			CENSI(Brüser) SDH HZ 138/26 Sch
		LA: Sg SDH E: V JUTTA(Geiser) HZ 236/32	ARMIN(Liesecke) HZ 216/30
			HOVA(Geiser) SPH HZ 118/25
	LA: ZZ E: DROMA (Zoot.Stat.) Ausbildung: Beruf:	LA: Sg Sch E: Sg KRAFT(Geiser) HZ 270/33 SDH	CASTOR(Meyer-Busch) RS/KS/ZS HZ 230/32
			HOVA(Geiser) SPH HZ 118/25
		LA: Sg E: Sg BIRRA(Zoot.Stat.) HZ 337/36	Linie 9
			Linie 9

Mutterseite

Eltern	Gross-Eltern	Ur-Grosseltern	Blutführung
Leistungs-Anlagen: B Erscheinung: Sg-V ALRAUNE (Engelmann) Hz 907/42 Ausbildung: Beruf:	LA: G Sch E: G -Sg DAUSCHAN (Pieper) HZ 661/39 Ausbildung: Beruf:	LA: Sg Sch E: Sg-V NORMANN(König 1) HZ 376/36 SDH	CASTOR(Meyer-Busch) s.oben!
			JUTTA(Geiser) HZ 236/32 SDH
		LA: G Sch E: Sg ANNERLE(Luley) HZ 335/35	KRAFT(Geiser) Sch HZ 270/33 SDH
			DIXE(Frömmling) HZ 268/33 Sch
	LA: Sg SPH E: G KUNNA (König 1) HZ 748/40 Ausbildung: Beruf:	LA: ZZ Sch E: Sg-V NORDMANN(König 1) HST 371/36	CASTOR(Meyer-Busch) s.oben!
			JUTTA(Geiser) s.oben!
		LA: Sg Sch E: V PERCHTA(König 1) HZ 432/27 WDH	CASTOR(Meyer-Busch) s.oben!
			CORA(Busch) WDH HZ 205/29 SDH

Eltern	Gross-Eltern	Ur-Grosseltern	Blutführung
			+ - Empfehlung / - Warnung

Gebrauchshund-Kennzeichen: SDH - für jeden Gebrauch geeignet / SPH - Spürhundeignung / SCH - Schutzhund
BH - Begleithund. **Körwerte:** VKS - Vorkörungs-Sieger (in) / GKS - Gau-(Landes) Körsieger (in) / RKS - Deutschlandsieger (in)
ZS - Zuchtsieger (in). **Berufe:** WDH - Werkdiensthund / PDH - Polizeidiensthund / PH - priv. Polizeihund / BFH - Blindenführhund
HRH - Hund für Hilfs- und Rettungsdienst / AH - Artistenhund / HH - Hirtenhund.

Ahnentafel aus dem Jahr 1949

34

Die nachfolgend wiedergegebene, von HEINZ RADAM erarbeitete graphische Darstellung veranschaulicht die hier beschriebene Entwicklung der Rasse.

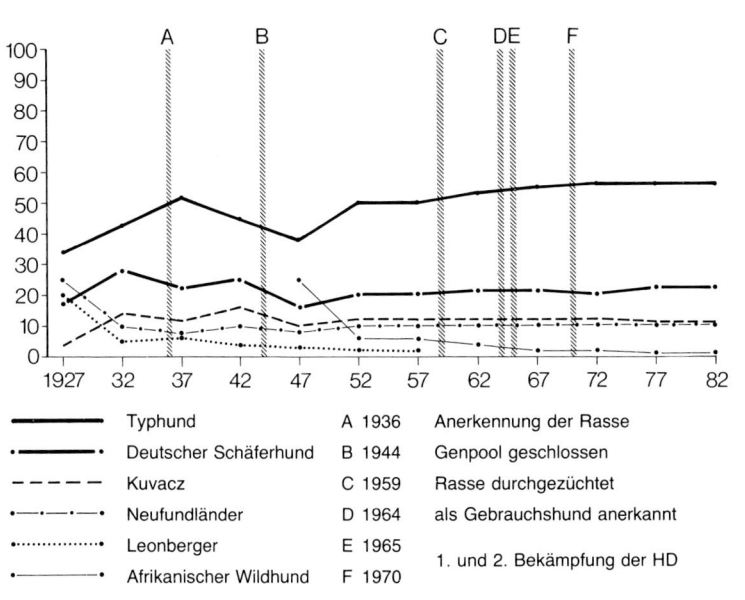

—————— Typhund	A 1936	Anerkennung der Rasse
•——————• Deutscher Schäferhund	B 1944	Genpool geschlossen
— — — — — Kuvacz	C 1959	Rasse durchgezüchtet
•—·—·—• Neufundländer	D 1964	als Gebrauchshund anerkannt
•·············• Leonberger	E 1965	
•————• Afrikanischer Wildhund	F 1970	1. und 2. Bekämpfung der HD

Nun noch einmal zurück zu den Typhunden. Im wesentlichen dürften sie mittelgroße, kräftige, derbe und langhaarige Bauernhunde gewesen sein, die sich als regionale Landschläge über längere Zeiträume entwickelt hatten. Man kann annehmen, daß die Besitzer immer wieder die kräftigsten, derben und robusten Hunde aus den zunächst mehr oder weniger zufälligen Verpaarungsprodukten auswählten, die ihnen für eine Verwendung als Hof- und Wachhund am zweckmäßigsten erschienen. Da sie darüber hinaus sicher auch kaum bereit waren, für eine „Hundehochzeit" lange Wege auf sich zu nehmen, bildeten sich relativ geschlossene Populationen heraus, ein bestimmter Hundetyp entstand.

Daß es diesen Hundetyp auch in der Vergangenheit in den verschiedensten Gebieten gab, belegen Beispiele aus der Kunst, so auch

35

Benno Adams „Hundefamilie mit altem Gaul" von 1869, das eine schwarze, ganz im Hovawart-Typ stehende Hündin mit ihren blonden und schwarzmarkenfarbigen (?) Welpen zeigt (s. S. 31). Es gab sie also, diese Typhunde! Und es gibt sie immer noch. Darüber berichtete z. B. Reginald Grimmer (1972). Er fand u. a. in Ungarn und in den bergigen Gegenden Rumäniens und des ehemaligen Jugoslawiens, ebenso aber auch in Ägypten auffallend viele Hütehunde, die dem Hovawart in Typ, Kopfform, Fellstruktur und -länge sowie in der Ohrenhaltung sehr ähnelten und die in den Farbschlägen Blond, Schwarz und Schwarzmarkenfarbig auftraten. Maria Mandok berichtet über ebensolche Beobachtungen in Südamerika.

Hovawartzucht und Vereine
nach 1945 bis heute

Nach 1945 war der Zuchttierbestand als Folge des Krieges stark
zurückgegangen. Es gab regional getrennte Gruppen von Hovawart-
züchtern mit Tieren, die unterschiedliche genetische Ursprünge aufwiesen, wie nachfolgende, von HEINZ RADAM erarbeitete Übersicht
zeigt. Natürlich müssen die Angaben nicht auf das Einzeltier bezogen
gesehen werden, sondern mit Blick auf den Durchschnitt der jeweiligen
Teilpopulationen.

Durchschnittliche Anteile der Ursprungsrassen in den Zuchtgebieten
1950

	Typ-hund	DSH	Neu-fundl.	Kuvasz	Leon-berger	afrikan. Wildhund
Coburg	60%	20%	10%	10%	–	–
Hamburg	<60%	<20%	>10%	>10%	–	vorhanden
Oldenburg	<50%	25%	>10%	13%	vorhanden	–
Berlin+DDR	40–70%	15–25%	8–15%	8–15%	0–4%	–

In den einzelnen Zuchtgebieten entstand in der Folgezeit eine Vielzahl
von unterschiedlichen Hovawart-Typen. Erst als im Bundesgebiet der
Rassezuchtverein für Hovawarthunde mit seinen Landesgruppen und
in der ehemaligen DDR die Spezialzuchtgemeinschaft Hovawartzüchter entstanden waren (beide arbeiteten in den Anfangsjahren eng
zusammen), gelangen eine Stabilisierung und eine fortschreitende
Annäherung an den Rassestandard. Seit 1959 gilt die Rasse als durch-
gezüchtet. In der ehemaligen DDR wurde seit 1953 ein eigenes Zuchtbuch geführt, und mit der zunehmenden politischen Isolierung entstand eine weitgehend auf sich selbst gestellte Hovawartzucht. Durch
die Zuführung der Rüden Endor v. Haveleck (West-Berlin) und Dirk
v. Petrusheim (Österreich) entstanden allerdings in den 70er Jahren
neue züchterische Verbindungen.

Folgende Vereine entstanden: Die Coburger Gruppe gründete 1948 den „Rassezuchtverein für Hovawart-Hunde e. V.", die Hamburger Gruppe den „Hovawartverein für Deutsche Schutzhunde" neu, und in Berlin entstand der „Verein der Hovawartfreunde". In Oldenburg wurde später der „Hovawart-Verein Weser-Ems" gegründet. Mitglied des VDH wurde der „Rassezuchtverein für Hovawart-Hunde e. V." (RZV). Mitte der 50er Jahre traten ihm die Oldenburger Hovawartbesitzer bei. Nach erfolglosen Verhandlungen mit dem Ziel des Zusammenschlusses der bestehenden Vereine trat die Mehrzahl der Mitglieder des Berliner und des Hamburger Vereins 1955 in den Rassezuchtverein für Hovawart-Hunde ein. Vorsitzender des Vereins war zu diesem Zeitpunkt OTTO SCHRAMM.

In der ehemaligen DDR entstand unter der Leitung von ALWIN BUSCH und HEINRICH BALKE die „Spezialzuchtgemeinschaft Hovawart-Züchter" (SZG), die als Gliederung des Verbandes der Kleingärtner, Siedler und Kleintierzüchter (VKSK) existierte, sich dennoch aber einen hohen Grad von Selbständigkeit erhalten konnte. Aus ihr entstand 1990 der „Rassezuchtverein für Hovawarte in der DDR", der sich noch im selben Jahr mit dem „Rassezuchtverein für Hovawart-Hunde e. V." zusammenschloß. Daß dies innerhalb kurzer Zeit und ohne Komplikationen gelang, ist in hohem Maße auf die bereits seit 1982 bestehenden engen Kontakte zwischen dem Vorstand des RZV und Leitung der SZG zurückzuführen. Initiiert durch HEINZ RADAM fanden jährlich quasi „illegale" Treffen leitender Funktionäre von beiden Seiten in Ost-Berlin statt.

Seit 1991 gibt es im VDH außer dem ihm seit langen Jahren angehörenden mitgliederstarken „Rassezuchtverein für Hovawart-Hunde e. V." noch den „Hovawart-Club e. V. Goslar" sowie die „Hovawart-Zuchtgemeinschaft Deutschland e. V.". Seit Anfang der 50er Jahre entwickelte sich die Hovawartzucht in beiden Teilen Deutschlands kontinuierlich. Qualität und Anzahl der gezüchteten Hunde stiegen von Jahr zu Jahr. Ende der 80er Jahre wurden im Zuchtbuch des RZV durchschnittlich 650 und im Hovawart-Zuchtbuch in der DDR durchschnittlich 250 Welpen jährlich eingetragen.

Einen bedeutsamen Einschnitt in das Zuchtgeschehen gab es noch einmal mit dem Beginn der Hüftgelenksdysplasie-Bekämpfung. Diese in hohem Maße genetisch bedingte Erkrankung wurde in den 60er Jahren bei nahezu allen großen (und einigen anderen) Hunderassen festgestellt. Die Bekämpfung war und ist nur durch züchterische Maßnahmen möglich, mit denen im RZV 1965 und in der ehemaligen DDR 1968 begonnen wurde. Diese züchterische Bekämpfung erfolgte in mehreren Etappen: zuerst Zuchtverbot für Hovawarte mit mittlerer oder schwerer Hüftgelenksdysplasie (HD), dann auch Zuchtverbot für solche mit leichter HD und schließlich Zuchtsperre für Hovawarte, welche selbst gesund waren, aber in Nachzucht bzw. Verwandtschaft überdurchschnittlich viele HD-kranke Tiere aufwiesen. Diese Maßnahmen führten für eine ganze Reihe von Züchtern zu erheblichen Härten. Sie haben sie trotzdem mitgetragen – im Interesse der Gesundheit unserer Hovawarte. Heute ist die Anzahl HD-kranker Hovawarte vergleichsweise niedrig.

Auch auf vielen anderen Gebieten der züchterischen Arbeit waren die Hovawartzüchter in beiden Teilen Deutschlands beispielgebend. Im Mittelpunkt stand und steht die Zucht gesunder Hovawarte (und zwar sowohl physisch als auch psychisch), deren Äußeres und deren Verhaltenseigenschaften sich immer weiter dem Idealziel des Standards annähern. Dabei sind die Schwerpunkte: Erhaltung des Typs des Hovawarts als kräftiger, robuster und trotzdem beweglicher Gebrauchshund, Erhaltung des mittleren Temperaments, der guten Härte und des Schutztriebs; weitere konsequente züchterische Bekämpfung der HD sowie solcher relativ selten auftretender Fehler wie Rückbiß, Vorbiß, Zahnfehler, Rutenwirbeldeformationen, fehlerhafte Stellung der Läufe, Senkrücken, Kryptorchismus, offene Lefzen und/oder Augenlider.

Im Mittelpunkt aller züchterischen Bemühungen steht die Erhaltung der Gesundheit und Leistungsfähigkeit. In zweiter Linie – aber natürlich wegen des negativen Einflusses auf das rassetypische Erscheinungsbild so gründlich wie möglich – sind solche Mängel zu beachten wie z. B. Rutenhaltungs- und Behangfehler, unvollständige Markenzeichnung, helle Augen, zu kurzes Haar usw.

Der Rassezuchtverein für Hovawart-Hunde ist in der glücklichen Lage, über eine große Zahl sehr engagierter Züchter sowie über erfahrene Funktionäre zu verfügen. Seit einiger Zeit ist es nun auch gelungen, die Vielzahl der für eine gründliche züchterische Arbeit zu erfassenden Informationen über eine EDV-Anlage ständig aktuell zu analysieren. Dies alles stimmt für die Zukunft des Hovawarts und seiner Freunde optimistisch.

39

Verhalten und Erziehung

Bedeutung des Verhaltens

Das Verhalten des Hundes (auch als Wesen oder Charakter bezeichnet) und im Zusammenhang mit ihm seine psychische Leistungsfähigkeit sind für die Mehrzahl der Hundebesitzer mindestens ebenso wichtig wie sein Aussehen. Für viele Hovawartbesitzer gilt das ganz besonders, ist doch der Hovawart schon seit 1964 eine anerkannte Gebrauchshundrasse.

Der Hund erfüllt mancherlei Funktionen in unserer modernen Gesellschaft: Die Skala reicht vom ernsthaft arbeitenden Gebrauchshund beim Rettungswesen, bei Zoll und Polizei sowie dem Blindenführhund über den „Nur"-Familienhund, der zugleich Haus und Hof vor unerwünschten Eindringlingen schützt, bis zum manchmal einzigen treuen Gefährten einsamer Menschen.

Für all diese Verwendungen ist der Hovawart geeignet, überall hat er sich bestens bewährt. Und diese Vielseitigkeit ist einer der großen Vorzüge, die die Rasse immer beliebter werden lassen.

Verhalten – Vererbung und Umwelt

Das Verhalten eines Hundes ist eine Mischung aus angeborenen Instinkten, rassespezifisch und individuell unterschiedlichen erblichen Veranlagungen und den Einflüssen der Umwelt, unter denen natürlich der Mensch und dessen Verhalten zum Hund die größte Bedeutung hat.

Grundsätzlich gilt für alle Eigenschaften von Lebewesen, daß ihre Ausprägung durch Vererbung und Umwelt bestimmt wird. Allerdings haben diese beiden Faktoren unterschiedliche Wertigkeit, was die verschiedenen Eigenschaften und Merkmale angeht. Ausgedrückt wird dieser Zusammenhang durch den Begriff „Heritabilität" (Erblichkeitsgrad). Und dieser liegt für die Verhaltenseigenschaften des Hundes ganz allgemein bei etwa 20 %, während er z. B. für die Widerristhöhe (Größe) des Hundes bei etwa 40 % liegt. Das bedeutet: Vieles im

Verhalten des erwachsenen Hundes ist durch bewußte Gestaltung der Umwelteindrücke einschließlich systematischer Erziehung schon und gerade in seiner Jugend beeinflußbar. Daraus ergeben sich für Hundezüchter und Hundebesitzer sehr große Möglichkeiten, ihren Hund in seiner Verhaltensentwicklung so zu fördern, daß das Ergebnis ihren Wünschen entspricht.

Die Bedeutung der Vererbung für die Verhaltenseigenschaften des einzelnen Hundes wird häufig überschätzt. Es genügt eben nicht, zwei Hunde mit hervorragenden hundesportlichen Prüfungsergebnissen zu verpaaren, um bezüglich ihres Wesens optimale Nachzucht zu erreichen. Ein ausgezeichnetes Leistungsprüfungsergebnis ist das Resultat einer geduldigen und systematischen Arbeit von Könnern mit ihrem Hund. Ein solcher Hund kann durchaus „nur" durchschnittliche Anlagen gehabt haben. Und nur die kann er vererben. Etwas größer wird die Sicherheit der richtigen Welpenauswahl, wenn man ihn aus einer Familie aussucht, in der gehäuft überdurchschnittliche Leistungsanlagen nachgewiesen wurden. Berücksichtigt man jedoch, daß – wie oben dargestellt – die Erblichkeit von Verhaltenseigenschaften so groß nicht

Der schwarzmarkenfarbige Rüde behält den Überblick

41

ist, so zeigt sich, wie richtig es ist, Prüfungsergebnisse bezüglich ihrer züchterischen Bedeutung nicht zu hoch zu bewerten. Notwendig sind jedoch spezifische Wesensüberprüfungen als Voraussetzung für die Zuchtzulassung. Es geht dabei darum, Hunde mit außergewöhnlich ungünstigen Anlagen (Aggressivität, übermäßige Ängstlichkeit) nicht in die Zucht zu nehmen, und auch darum, überdurchschnittlich gut veranlagte Hunde herauszufinden. Solche züchterischen Wesensüberprüfungen sollen möglichst vielseitig aufgebaut sein, dabei die wichtigsten Verhaltensmerkmale der Rasse berücksichtigen und eine Vergleichbarkeit der Ergebnisse der einzelnen Hunde ermöglichen.

Das wird mit den Junghund- und Zuchttauglichkeitsprüfungen im Rassezuchtverein für Hovawart-Hunde weitgehend erreicht. Sowohl bei den Junghunden als auch bei den erwachsenen Hunden werden mit Hilfe einer Reihe von optischen und akustischen Tests die wichtigsten Verhaltenseigenschaften geprüft. Aber auch dadurch kann das Problem der Unterscheidung zwischen genetisch bedingten und durch Erfahrung und Lernen erworbenen Verhaltensweisen nicht vollständig gelöst werden. Weitere Fortschritte dürften bei systematischer Durchführung von untereinander vergleichbaren Welpenwesenstests möglich sein. Man kann sicher davon ausgehen, daß bei den Welpen (zumindest bei denen eines Wurfes) im wesentlichen noch keine unterschiedlichen, sondern die gleichen Umweltfaktoren das Verhalten beeinflußt haben, so daß die individuellen Unterschiede in ihrem Verhalten weitgehend genetisch bedingt sind.

Ganz besonders wichtig ist es, daß möglichst alle – zu unterschiedlichen Zeitpunkten ermittelten – Ergebnisse der Wesensüberprüfung ständig in das System der Zuchtwertprüfung einfließen.

Verhaltensentwicklung – Phasen und Förderung

Die Fähigkeit des Hundes zum sozialen Verhalten ist eine der wichtigsten Voraussetzungen für sein Zusammenleben mit dem Menschen. Die Vorfahren unserer Hunde lebten in größeren Rudeln, zeitweise auch Rüde und Hündin allein mit ihren Welpen im Winterrudel; sie mußten sich unterschiedlichsten Bedingungen und auch verschiedenen Sozialstrukturen anpassen. Diese Anpassungsfähigkeit setzte eine gewisse Plastizität des genetisch bedingten Sozialverhaltens voraus.

Grundlage für die Verhaltensentwicklung des Hundes sind Lernvorgänge, die insbesondere im Welpen- und Junghundalter konzentriert sind. Wenngleich die Entwicklung vom Welpen zum erwachsenen Hund im Prinzip kontinuierlich verläuft, so lassen sich doch bestimmte Altersabschnitte unterscheiden, in welchen typische Verhaltensweisen erkennbar und vor allem auch beeinflußbar werden. Da diese Vorgänge und die entsprechende Einflußnahme des Züchters und Halters von größter Bedeutung für das Verhalten des erwachsenen Hundes sind, sollen sie im folgenden beschrieben werden. Zu beachten ist dabei auch, daß der Hovawart eine vergleichsweise spätreife Rasse ist.

Der Einfluß der Umwelt beginnt in gewissem Maße bereits vor der Geburt der Welpen. Ruhe oder Unruhe in der Umgebung der trächtigen Hündin, laute Geräusche in ihrer Umgebung, das alles wird von den noch ungeborenen Welpen gewissermaßen registriert und beeinflußt in zwar relativ geringem Maße, aber immerhin doch auch schon ihr späteres Verhalten.

Neugeborenenphase (1. und 2. Lebenswoche)

Interessant ist bereits das Verhalten der neugeborenen Welpen unmittelbar nach und in den ersten Stunden nach der Geburt. Vom sofort intensiv dem mütterlichen Gesäuge zustrebenden Welpen – der jede Störung auf diesem Wege durch heftiges Protestgeschrei quittiert – bis zum phlegmatisch wirkenden und sich nur langsam bewegenden Welpen reicht die Palette der Möglichkeiten.

Diese Unterschiede sind durchaus von züchterischer Bedeutung und sollten vom Züchter aufmerksam registriert und auch aufgeschrieben werden. TRUMLER schreibt in diesem Zusammenhang vom sogenannten Biotonus (Lebenskraft). In den ersten zwei Lebenswochen ruhen die Welpen vorwiegend. Sie zeigen die – dem Auffinden der Mutter dienenden – Bewegungsformen des Kopfpendelns und des Kreiskriechens, das Saugen mit dem sogenannten Milchtritt der Vorderpfoten und dem Abstemmen der Hinterbeine. Der Geruchssinn ist bereits entwickelt. Zwischen Schlaf- und Wachzustand zeigt sich im Elektroenzephalogramm (EEG = Aufzeichnung der Hirnaktionsströme) noch kein Unterschied.

Übergangsphase (3. Lebenswoche)

Nach dem Öffnen der Lidspalten zwischen dem 10. und 15. Lebenstag ist ein schwaches Sehvermögen vorhanden, das sich schnell weiterentwickelt. Die Hörfähigkeit beginnt um den 20. Tag. Gegen Ende der

3. Lebenswoche kann der Welpe bereits stehen und gehen sowie feste Nahrung zu sich nehmen.

Prägungsphase (4. bis 7. Lebenswoche)

Diese Phase wird manchmal auch als erste Sozialisierungsphase bezeichnet. Sie ist die wichtigste Zeit im Leben des Hundes bezüglich seines späteren Verhaltens zum Menschen und in der Umwelt. Fehler, die in dieser Zeit gemacht werden, lassen sich während des ganzen Hundelebens nicht mehr vollständig „reparieren". Im Zeitraum der 4. bis 7. Lebenswoche findet eine Prägung des Welpen auf das Muttertier und die Geschwister statt und – wenn er die Gelegenheit erhält – auf den Menschen.

Dazu genügt es nicht, daß der Welpe den Menschen nur sieht, sondern er braucht den direkten Körperkontakt, und dies so oft und so intensiv wie möglich. Es genügt auch nicht, daß nur der Züchter sich mit den Welpen beschäftigt, sondern es sollten möglichst viele verschiedene Menschen mit den Welpen spielen, sie auf den Arm nehmen usw. Geschieht dies alles nicht, so wächst ein Hund heran, der scheu

Blonder Welpe – 5 Wochen alt

gegenüber Menschen bleibt und sich oft genug zu einem sogenannten Angstbeißer entwickelt.

Gleichzeitig kommt es darauf an, daß die Welpen schrittweise Erfahrungen mit den unterschiedlichsten Einflüssen unserer modernen Umwelt machen, daß ihnen laute Geräusche, Autos und größere Menschengruppen bekannt und geläufig sind. Manche Züchter von Jagdhunden erreichen die gerade bei diesen Rassen so wichtige Schußsicherheit dadurch, daß sie vor den Mahlzeiten der Welpen in unmittelbarer Nähe des Welpenzwingers oder -raumes einen Schuß abgeben. Das Ergebnis ist, daß nach wenigen Tagen auf das Signal „Schuß" hin die Welpen herausgelaufen kommen und nach ihren Futterschüsseln suchen.

Sozialisierungsphase (8. bis 12. Lebenswoche)

Auch in diesem Lebensabschnitt ist der häufige Kontakt mit möglichst vielen unterschiedlichen Menschen und Umweltfaktoren von größter Bedeutung. Der Welpe soll u. a. die Erfahrung machen, daß z. B. laute Geräusche, große sich bewegende Gegenstände usw. nicht grundsätzlich eine Gefahr darstellen; andererseits soll er aber auch lernen, daß sich bewegende Fahrzeuge zu meiden sind.

Unter Sozialisierung versteht man das Lernvermögen zur Gemeinschaftsbildung. Gerade der Beginn dieser Phase ist das beste Alter zur Eingewöhnung beim neuen Besitzer. Jetzt beginnt die Erziehung des Welpen durch den Menschen. Auch in der sechsten und siebten Lebenswoche hat die Hündin schon hin und wieder die Welpen „in ihre Schranken gewiesen". Der neue Besitzer des Welpen muß ihm nun beibringen, daß er sich unterzuordnen hat, ohne dabei einen zu großen psychischen Druck auszuüben. Diese Erziehung läßt sich am einfachsten durch häufiges und intensives gemeinsames Spiel erreichen. Dabei entwickelt sich die Lernfreudigkeit des Junghundes, und es können Verhaltensweisen gezielt genutzt und gefördert werden wie z. B. das Suchen des „verlorengegangenen" Herrn oder das Bringen von Spielgegenständen zur Vorbereitung des Fährtens bzw. des Apportierens.

Der menschliche Meuteführer bestimmt dabei Beginn und Ende des Spiels und setzt ausgiebig das Lob und wo notwendig auch die Strafe ein. Sind Strafen nötig, um dem Hund zu verdeutlichen, was er nicht darf, so sind Schläge ungeeignet! Das gilt auch für solche mit der Zeitung usw., denn unser Hund ist durchaus in der Lage, den Zusammenhang zwischen einem solchen „Schlaginstrument" und der dieses anwendenden Person zu erfassen. Richtig ist es, die Verhaltensweisen der Hundeeltern nachzuahmen: Der Welpe (oder auch der schon erwachsene Hund) wird im Nackenfell ergriffen und kräftig geschüttelt, oder statt des Über-den-Fang-Beißens durch den dominierenden Hund (z. B. die Mutterhündin) kann man den Fang des Welpen kurzzeitig von oben her umfassen und zudrücken. Ergänzt werden sollen Lob und Strafe durch entsprechende (Signal-)Worte wie „Brav!" bzw. „Pfui!". Diesbezüglich sind der Phantasie des Hundebesitzers keinerlei Grenzen gesetzt; wichtig ist es nur, für die entsprechenden Gelegenheiten immer die gleichen Worte zu verwenden, die dann später allein schon die gewünschte Wirkung zeigen.

In dieser Zeit sollte es dem (ja bereits geimpften) Welpen ermöglicht werden, mit anderen Hunden zu spielen, um spätere Anpassungsprobleme zu vermeiden. Allerdings empfiehlt es sich, dies nur mit solchen Hunden zuzulassen, deren Verhalten und deren Gesundheitszustand bekannt sind.

Wichtig zu wissen ist, daß gerade in dieser Entwicklungsphase ein einziges, besonders charakteristisches Erlebnis zur Fixierung erwünschter, aber auch unerwünschter Verhaltenseigenschaften führen kann. So stellen die nebeneinander stehenden Notwendigkeiten zur Unterordnungserziehung, zur schrittweisen Gewöhnung an Umweltfaktoren und zur Vermeidung von plötzlichen übermäßig starken Umweltreizen doch schon einige Anforderungen an das Einfühlungsvermögen und an die Geschicklichkeit des Welpenbesitzers.

Rangordnungsphase (12. bis 16. Lebenswoche)

In dieser Zeit ist der Welpe – wie überhaupt der Junghund während seiner gesamten Entwicklung – weiterhin an möglichst vielfältige Umwelterlebnisse heranzuführen. Der junge Hund beginnt quasi auszuloten, welchen Rangordnungsplatz er sich in der Mensch-Hund-Meute erobern kann. Im Wolfsrudel geschieht das unter den Geschwistern. Erwachsene Tiere werden von vornherein als rangüberlegen anerkannt, ebenso der Mensch, wenn er sich richtig verhält.

Typische Beispiele: Der Welpe knurrt „seinen" Menschen an, wenn dieser sich dem Futternapf nähert. Der Hundebesitzer freut sich über den drolligen Kleinen und geht. Für den Hund heißt das: „Dieser Mensch ist mir unterlegen – ich habe ihn von der Beute verjagt." Hier hilft nur Konsequenz, indem dem Hund das Futter weggenommen wird, er gelobt wird, wenn er sich ruhig verhält und anschließend das Futter wiederbekommt.

Man sieht ihnen das Temperament an – 9 Wochen alte Welpen

Natürlich kann man auch von vornherein diese Konfliktsituation vermeiden, indem man ihn in Ruhe sein Futter fressen läßt und gar nicht erst zum Futternapf geht, denn gerade das „Streitigmachen" des Futters ist für den Beweis der Überlegenheit wenig geeignet.

Ein weiteres Beispiel: Der Hund beißt um sich, wenn er gebürstet werden soll. Der Besitzer gibt den Versuch auf und verschiebt sein Vorhaben. Für den Hund heißt das: „Dieser Mensch ist mir unterlegen – er hat sich die Berührung des Ranghöheren (Individualdistanz) nicht erlaubt." Auch hier hilft nur Konsequenz, d.h., mit „sanfter Gewalt", Ablenkungen und Tricks ist die Haut- und Haarpflege zu Ende zu führen. Wichtig ist: Der Hund bezieht den erzielten Erfolg bei der Durchsetzung seines Willens nicht nur auf die konkrete Situation, sondern auch sein gesamtes Rangordnungsverhältnis zum Menschen.

Rudelordnungsphase (5. und 6. Lebensmonat)

In dieser Phase entwickelt sich die Treue gegenüber dem (psychisch überlegenen) Leithund oder -menschen. Auch in dieser Zeit ist die

Unterordnung des Hundes weiter zu üben, möglichst durch mehrere Mitglieder der Familie. Dagegen sollte der Aufbau anderer Leistungen (Fährtenarbeit, Schutzdienst usw.) hauptsächlich durch eine Person erfolgen.

Pubertätsphase (7. bis 12. Lebensmonat)

Jetzt erst reifen der Bewachungs- und der Schutztrieb im Zusammenhang mit der Gründung des Sexualreviers aus. Rüden versuchen manchmal, die entstandene Rangordnung noch einmal zu verändern; dem muß der Hundebesitzer konsequent begegnen.

Reife

Wie die körperliche Entwicklung ist auch die Wesensentwicklung beim Hovawart erst mit etwa drei Jahren weitgehend abgeschlossen. Das betrifft besonders die weitere Entwicklung des Verteidigungsverhaltens und des Bewachungstriebs. Es liegt dabei am Hundebesitzer, am Übungswart und am Helfer, den Entwicklungsstand des Hundes jeweils richtig einzuschätzen und danach zu handeln.

Grundsätze der Erziehung

Vieles für die Erziehung Wichtige ist im vorangegangenen Abschnitt beschrieben worden. Zusammenfassend daraus ergibt sich:
- Hundeerziehung beginnt beizeiten, je eher, desto besser.
- Konsequenz ist das wichtigste Prinzip bei der Hundeerziehung.
- Jede erzieherische Maßnahme muß unmittelbar erfolgen, d. h., Lob oder Strafe folgen der „Tat oder Untat" sofort.

Hunde gehören unter den Säugetieren zu den psychisch am höchsten entwickelten Arten. Trotzdem ist ihr Verhalten keinesfalls mit dem des Menschen gleichzusetzen. Ein wesentlicher Unterschied zeigt sich z. B. darin, daß man einem Hund nicht durch mehr oder weniger wortreiche Erklärungen verdeutlichen kann, was man von ihm wünscht oder gewünscht hätte.

Ein typisches Beispiel: Der Hund ist über den Zaun gesprungen und zu einem fröhlichen Ausflug gestartet, kommt nach einigen Stunden „freudestrahlend" zurück und trifft – auf einen aufgrund telefonischer Beschwerde eines benachbarten Hühnerhalters erbosten Herrn. Dieser nun, je nach Charakter, hält dem Hund einen Vortrag über das Verwerfliche seines Tuns – oder er bestraft ihn hart. Der Hund begreift

48

nichts, nur lernt er soviel: Weglaufen macht Spaß, Nachhausekommen hat unangenehme Folgen. Beim nächsten Mal bleibt er noch länger weg und schleicht sich heimlich in Haus und Hof zurück.

Die richtige Handlungsweise des Hundebesitzers wäre: Der Hund wird für seine Rückkehr gelobt. Es wird ein erneuter „Ausflug" provoziert, und beim Versuch des Hundes, über den Zaun zu springen, trifft ihn aus einem „Hinterhalt" durch einen Helfer eine Hand voll Kies oder dergleichen sowie ein kräftiges „Pfui!" seines Herrn. Der Herr ruft unmittelbar danach den Hund und lobt ihn für sein Kommen.

Grundsätzlich gilt: Nur diejenigen angenehmen oder unangenehmen Ereignisse werden vom Hund in einen Zusammenhang mit seinen eigenen Handlungen gebracht, die diesen unmittelbar folgen.

Einige Grundübungen für den Junghund

Leinenführigkeit. Bereits mit spätestens neun Wochen beginnt man, den Welpen an das Halsband zu gewöhnen. Es folgen erste Spaziergänge an der Leine. Dabei wird der angeleinte Hund gelockt und gelobt und nicht etwa hinterhergezogen. Zieht der Hund nach vorn, so erfolgt das Kommando „Fuß!" und gleichzeitig ein kurzer Leinenruck. Läuft unser Hund dann, ohne zu ziehen, so wird er gelobt. Falsch wäre es, ihn ständig an straff gezogener Leine laufen zu lassen. Man muß ihn den Fehler des Vorprellens machen lassen, um diesen korrigieren zu können, und er muß gelobt werden, wenn er sich wie gewünscht verhält.

Übung „Sitz!". Man beginnt diese Übung mit dem etwa drei Monate alten Junghund. Der angeleinte Hund wird mit dem Kommando „Sitz!" mit einer Hand am Halsband festgehalten; gleichzeitig drückt man mit der anderen Hand auf die Kruppe, bis der Hund zum Sitzen kommt. Er wird dann intensiv gelobt. Aufstehen darf er erst, wenn ein anderes Kommando wie z. B. „Fuß!" folgt.

Übung „Platz!". Mit dieser Übung wird mit dem etwas älteren Junghund begonnen, jedoch erst dann, wenn er die Übung „Sitz!" sicher beherrscht. Der angeleinte Hund wird heruntergedrückt und liegend festgehalten. Es kann u. U. ein Fuß auf die Leine gestellt werden. Der Hund soll liegenbleiben, bis ein anderes Kommando folgt, das er willig ausführt. Erst dann wird er gelobt (Druck-Kommando).

Übung „Herankommen". Das sichere Herankommen auf Ruf ist am einfachsten schon beim sehr jungen Hund zu erreichen und einzuprä-

Früh übt sich . . .

gen. Der freilaufende Hund (ungefährliches Gelände aussuchen) wird mit einem für den Hund angenehm klingenden Kommando „Hier!" gerufen. Ist der Hund herangekommen, so wird er ausgiebigst gelobt und erhält evtl. einen Belohnungshappen. Er darf sich erst dann wieder entfernen, wenn ihm dies ausdrücklich gesagt wurde.

Kommt der Hund nicht, so ist es verkehrt, hinter ihm herzulaufen. Man sollte in die Gegenrichtung laufen und dabei das „Hier!" wiederholen oder sich hinhocken, weil dies eine optische (also weiter entfernte!) Distanz des Führers vorgaukelt und der Junghund stets schnell zu seinem Kumpan strebt.

Verbote. Soll unser Hund etwas unterlassen, was er zu anderen Zeitpunkten darf (z. B. spielerisches Beißen) so wird das Kommando „Aus!" zur Beendigung des Spieles angewendet. Handlungen dagegen, die ihm grundsätzlich verboten werden sollen, werden mit einem hart ausgesprochenen „Pfui!" untersagt.

Natürlich kann jeder Hundehalter beliebige Kommandos in welcher Sprache auch immer erfinden – wichtig ist nur die Verwendung gleichbleibender Begriffe für die entsprechenden Anwendungsgebiete.

Hundesport mit dem Hovawart

Man mag über Hundesport denken wie man will – und nicht wenige Menschen denken, u. a. bedingt durch ausgiebige Feldzüge mancher Medien, z. Zt. recht negativ darüber, aber wer einmal einen engagierten, fachlich kompetenten Hundesportler mit seinem freudig (!) arbeitenden Hovawart in Aktion gesehen hat, wird sicherlich zumindest beeindruckt sein. Wenn ein solcher Zuschauer dann noch sieht, wie derselbe Hund, der wenige Minuten zuvor mit vollem Einsatz den Hetzarm des Helfers „genommen" hat, sich anschließend von eben diesem Helfer anfassen und streicheln läßt, dann sollte er eigentlich schon ziemlich überzeugt sein, daß doch etwas Positives am Hundesport sein muß.

Die Unfälle mit Beteiligung von Hunden, über die manche Medien so genüßlich berichten, sind nicht ein Problem sportlich gut ausgebilde-

Hindernislauf

51

Sprung über die Wand

ter Hunde, sondern im Gegenteil ein Problem durch falsch oder gar nicht erzogene Hunde. Hundesport aber ist ein Optimum an Hundeerziehung.

Die Zielstellungen unseres Hundesports sind heute:

- Der Hovawart wird durch systematische und zielstrebige Ausbildung befähigt, sich zu seiner Umwelt und speziell zum Menschen zuverlässig nach den von ihm erlernten Regeln zu verhalten. Er handelt infolgedessen nicht nach den Gesetzen des Wolfsrudels, sondern so, wie es in der menschlichen Gesellschaft notwendig ist.
- Das natürliche Bedürfnis des Hundes, aktiv zu sein, wird in feste Bahnen gelenkt. Ein arbeitender Hovawart wird daher viel weniger dazu neigen, durch „selbsterfundene Unternehmungen" Schaden zu verursachen.
- Die gemeinsame Arbeit von Hundeführer und Hund ist das Besondere an dieser Sportart. Der ausgebildete Hund ist eben nicht irgendein Sportgerät, sondern ein lebendes Wesen, ein vierbeiniger Partner.

- Durch die Ausbildung werden die natürlichen Anlagen des Hundes gefördert, wird er zu speziellen Leistungen befähigt, insbesondere zur Sucharbeit und zu Schutz und Verteidigung des Hundeführers sowie des Heims des „Rudels" – eine Spezialität des Hovawarts. Voraussetzung ist der Gehorsam des Hundes (Unterordnung). Auf diesen Elementen bauen alle praktischen Einsatzgebiete für den Hund auf.

Auch bei der sportlichen Arbeit mit dem Hund sollte man bedenken, daß der Hovawart eine relativ spätreife Hunderasse ist.

Über die Methoden der Hundeausbildung gibt es zahlreiche Fachbücher. Speziell über den Hovawart hat PAUL KUFNER ein Buch geschrieben, so daß hier nur sehr kurze Anmerkungen gemacht werden sollen.

- Beim Erlernen der **Fährtenarbeit** geht es darum, daß die natürliche Neigung des Hundes, Wildfährten aufzunehmen und zu verfolgen, auf vom Menschen gewünschte andere Fährten umgelenkt wird. Im Prinzip gelingt das dadurch, daß Gegenstände, die der Hund suchen soll, zunächst einmal für ihn attraktiv gemacht, d. h. mit einem Leckerbissen versehen werden. Gleichzeitig bekommt der Hund ein Kommando, z. B. „Such!". Schrittweise lernt er dann, beliebige Gegenstände, Personen usw. schon allein auf das Kommando hin zu suchen. Voraussetzung ist natürlich, daß ihm eindeutig klargemacht worden ist, was oder wen er suchen soll (Fährtenansatz).

- Die Erziehung des Hundes zum **Gehorsam** (Unterordnung) baut auf zwei unterschiedlichen Grundsätzen gleichzeitig auf. Zum einen ist dies die Verknüpfung von Lob und Belohnung mit erwünschten Handlungen des Hundes (z. B. Herankommen auf Ruf oder Sichtzeichen). Zum anderen ist das Aufzwingen des Willens des Rudelführers Mensch unvermeidbar notwendig; ein Beispiel hierfür ist das sofortige Hinlegen und Liegenbleiben des Hundes auf das Kommando „Platz!" – dies jederzeit und unter allen Umständen. Ein solches erlerntes Verhalten kann z. B. auch als „Notbremse" dienen, wenn der Hund im Begriff ist, unerlaubte, für ihn selbst oder andere gefährliche Aktionen zu starten.

- Der **Schutzdienst** gibt dem Hund die Möglichkeit, seinen natürlichen Beute- und Kampftrieb anzuwenden, und zwar so, daß er niemandem dabei schadet. Der Beutetrieb ist schon beim Welpen deutlich erkennbar. Dessen liebste (Ersatz-)Beute sind häufig z. B. die Hosenbeine der Familienmitglieder. Keinesfalls sollten diese aber

Stellen und Verbellen

den Hund dafür strafen. Geschickterweise hat man vielmehr einen geeigneten Lappen oder dergleichen bei der Hand, um den Tatendrang des Welpen auf diesen umzulenken. Auch bei der Ausbildung auf dem Übungsplatz sind Lappen und Sack zu Beginn die geeignetsten Beute-Spiel- und Sport-„Geräte". Sehr bald folgt dann die sogenannte Hetzwurst und schließlich für den Fortgeschrittenen der Schutzarm (auch als Hetzarm bezeichnet), der vom Helfer (Scheintäter) dem Hund angeboten wird. Es geht also immer um die Beute, um die der Hund kämpft und die er verfolgt.

Neben dem Beutetrieb wird schrittweise auch das Wehrverhalten des Hundes provoziert, indem ihm vom Helfer die „Beute" durch Wegziehen usw. streitig gemacht wird. Das Verfolgen und Fassen der Beute beruht auf dem Beutetrieb; gibt der Helfer dem Hund das „Streitobjekt" nicht sofort, sondern erst nach einem mehr oder

weniger langen „Kampf", so wehrt sich der Hund gegen das Fort-
nehmen der Beute, er zeigt Wehrverhalten. Beutetrieb und Wehrverhalten lassen sich also kaum völlig trennen. Während der weiteren Ausbildung wird der Hund dann auch in gewissem Maße be-
drängt.

Es soll aber noch einmal betont werden, daß erste und hauptsächliche
Grundlage für die sportliche Ausbildung des Hundes der Beutetrieb
ist. Das gilt schon bei dem Welpen und Junghund. Wichtig ist zudem,
daß die hundesportliche Arbeit unter Anleitung von qualifizierten
Übungswarten und Helfern durchgeführt wird, die außerdem spezielle
Kenntnisse über den Hovawart besitzen.

Der Hund bleibt bei all diesen „Kampfspielen" immer wieder Sieger;
die Beute wird ihm letztlich überlassen. Allerdings muß er gleichzeitig
lernen, daß er auf ein entsprechendes Kommando die Beute auch

Schutzdienst: Überfall des Scheintäters aus dem Versteck heraus   55

wieder hergibt, daß er ausläßt. Dem in der Ausbildung schon weit vorangekommenen Hund wird schließlich der Schutzarm nicht mehr überlassen, er muß auf Kommando auslassen. Auch erst der „Fortgeschrittene" bringt es dann fertig, beim sogenannten Revieren den mit der Schutzarm-Beute ausgestatteten Helfer ausschließlich zu stellen und zu verbellen, ohne (in den Schutzarm) zu beißen.

Ein so ausgebildeter Schutzhund stellt für die Umwelt keine Gefahr dar. Er greift nicht von sich aus an, sondern er verteidigt nur dann, wenn er es soll. Er entwickelt keine Aggressivität gegenüber dem Menschen, sondern er folgt den erlernten Kommandos, wobei für sein Verhalten der Beutetrieb auslösend und bestimmend ist.

Der möglichst objektiven und sportlich vergleichbaren Bewertung der Leistungen ausgebildeter Hunde dienen die Prüfungen. Es gibt folgende:
– Schutzhundprüfung A (Unterordnungs- und Schutzdienstleistungen),
– Schutzhundprüfung 1, 2 und 3 (Fährtenarbeit, Unterordnung, Schutzdienst in unterschiedlichen Schwierigkeitsgraden),
– Begleithundeprüfung (Unterordnung, Verkehrssicherheit),
– Wachhundeprüfung,
– Breitensportwettkampf (Geländelauf, Hindernislauf usw.)

Die Einzelheiten der Durchführung und Bewertung sind in der Prüfungsordnung des VDH beschrieben, welche über den deutschen Hundesportverband erhältlich ist (siehe Seite 102). Daneben gibt es eine Vielzahl von speziellen Gebrauchshundprüfungen entsprechend dem jeweiligen Einsatzgebiet der Hunde (Blindenführhund, Rettungshund, Zollhund, Polizeihund usw.), für deren Bestehen zum Teil ein Abrichte- bzw. Leistungskennzeichen zuerkannt wird. Die Ergebnisse von Hovawarten bei sportlichen Prüfungen werden im Leistungsbuch des Rassezuchtvereins für Hovawart-Hunde veröffentlicht.

Zucht

Hundezucht ist allgemein ein Teilgebiet der Tierzucht. Mithin gelten hier auch die gleichen Grundsätze, Gesetzmäßigkeiten und Regeln wie z. B. bei der Zucht landwirtschaftlicher Nutztiere. Zwei nicht unwesentliche Besonderheiten der Rassehundezucht bestehen darin, daß in der Regel nicht alle Tiere für die Zucht zur Verfügung stehen (Zuchtabsichten des Besitzers, bestandene Zuchtprüfungen) und daß „Minusvarianten" (d. h. Tiere mit Fehlern) nicht einfach aus dem Bestand entfernt werden können, was zugleich die Verantwortung der Züchter erhöht.

Grundlage aller züchterischer Tätigkeit ist die Vererbung – die Weitergabe von Merkmalen von den Eltern an die Nachkommen. Jedes Lebewesen besitzt Erbanlagen (Gene); sie befinden sich auf den Chromosomen der Zellkerne. Im Ergebnis der Vererbung sind Vorfahren und Nachkommen einander ähnlich. Diese Ähnlichkeit ist aber – wie das leicht beim Menschen zu beobachten ist – von Fall zu Fall unterschiedlich groß. Die einen Nachkommen ähneln dem Vater mehr, die anderen der Mutter, wieder andere nehmen diesbezüglich eine Zwischenstellung ein, oder es werden Merkmale beispielsweise der Großeltern sichtbar. Die Ursache für diese Erscheinungen liegt darin, daß die Vererbung bestimmten Regeln und Gesetzmäßigkeiten folgt. Auf die wichtigsten Zusammenhänge soll anhand von Beispielen kurz eingegangen werden.

Zu jeder Erbanlage gehören zwei (bzw. mehr) unterschiedliche Zustandsformen (Allele). Bei einigen (wenigen) Eigenschaften des Hundes treten relativ einfache Erbgänge auf. Es sind dies die qualitativen Merkmale (d. h. ein Hund ist z. B. schwarz, oder er ist dies nicht). Diese qualitativen Merkmale werden durch ein einziges Gen (= Allel-Paar) gesteuert. Wirken nun die Allele eines Paares gleichsinnig, so handelt es sich um Reinerbigkeit (Homozygotie). Im anderen Fall wirken die Allele nicht gleichsinnig, und es liegt Mischerbigkeit (Heterozygotie) vor. Diese Rein- oder Mischerbigkeit gilt dabei jeweils nur für das entsprechende Merkmal. Beispielsweise ist ein blonder Hovawart immer reinerbig bezüglich seiner Haarfarbe; ein schwarzer Hovawart (gleichgültig ob mit oder ohne Marken = Abzeichen) kann mischerbig, ein anderer reinerbig bezüglich der Haarfarbe sein.

Ein Allel eines Paares kann das andere unterdrücken; es ist dann gegenüber seinem „Partner" dominant, und das unterdrückte Allel wird als rezessiv bezeichnet. Beim Hovawart ist z. B. die Farbe Schwarz dominant gegenüber der Farbe Blond. Dominante Allele werden durch große Buchstaben, rezessive durch kleine Buchstaben symbolisiert. Die Zusammenhänge sollen nachfolgend am Beispiel der Farbvererbung beim Hovawart verdeutlicht werden (wobei zunächst nur die Grundfarben-Vererbung berücksichtigt wird):

Vorhandene Phänotypen (äußerlich sichtbare Merkmale): Schwarz und Blond. Dazu vorhandene Allele B = schwarz, b = blond.

Mögliche Genotypen:

BB = reinerbig schwarz (kann keine blonden Nachkommen haben),

Bb = mischerbig schwarz,

bb = reinerbig blond.

Folgende Verpaarungsvarianten ergeben sich (man kann diese sehr leicht ermitteln, indem man die jeweils möglichen vier Kombinationen der Allele zusammenstellt):

BB × BB → BB, BB, BB, BB (ausschließlich reinerbig schwarze Nachkommen)

BB × Bb → BB, Bb, BB, Bb (äußerlich schwarz, 50 % reinerbig, 50 % mischerbig)

BB × bb → Bb, Bb, Bb, Bb (äußerlich schwarz, ausschließlich mischerbig)

Bb × bb → Bb, Bb, bb, bb (50 % mischerbig schwarz, 50 % reinerbig blond)

bb × bb → bb, bb, bb, bb (ausschließlich reinerbig blonde Nachkommen)

Zu bedenken ist jedoch, daß die prozentuale Merkmalsverteilung zwischen den Nachkommen nicht für jeden einzelnen Wurf gilt, sondern für den Durchschnitt einer größeren Zahl solcher Verpaarungsvarianten. – Insgesamt gibt es in der deutschen Hovawart-Population ungefähr 60 % schwarzmarkenfarbige, 30 % blonde und 10 % schwarze Hunde.

Rezessive Merkmale zeigen sich – wie aus den Beispielen ersichtlich – bei den Nachkommen von mischerbigen Tieren erst dann, wenn sie

Mutter und Sohn

bei diesen reinerbig auftreten. Diese Feststellung ist z. B. bei der richtigen züchterischen Beurteilung von Erbfehlern von größter Bedeutung. Ist z. B. ein Rüde Träger eines sich rezessiv verhaltenden Erbfehlers, so ist dieser (bei Mischerbigkeit) dem Rüden selbst nicht anzusehen und tritt auch bei den Nachkommen nicht auf, solange nur Verpaarungen mit solchen Hündinnen erfolgen, die genotypisch frei von diesem Merkmal sind; trotzdem wird die Erbfehleranlage an einen Teil der Nachkommen weitergegeben, die ihn gleichfalls rezessiv (versteckt) weiterträgt. Erst wenn die Verpaarung mit einer Hündin stattfindet, die diese Erbanlage ebenfalls rezessiv oder gar dominant (d. h. dann sichtbar) besitzt, tritt bei einem Teil der Nachkommen der Erbfehler im Phänotyp, d. h. äußerlich sichtbar, zutage. Beim Auftreten eines (sich rezessiv verhaltenden) Erbfehlers sind beide (!) Elterntiere genetisch belastet.

Züchterisch interessant: Dominante Merkmale sind leicht zu selektieren, aber schwer rein zu züchten. Rezessive Merkmale dagegen sind leicht reinerbig zu züchten, aber schwer zu selektieren.

Die einzelnen Merkmale eines Hundes werden unabhängig voneinander vererbt. Das gilt im Prinzip auch für das Verhältnis zwischen Grundfarbe einerseits und Zeichnung andererseits beim Hovawart. Die Zeichnung wird durch mehr als zwei Allele bedingt, so daß sich folgendes Bild ergibt:

Vorhandene Phänotypen:
  fehlende Zeichnung
  knappe Zeichnung
  normale Zeichnung
  ausgedehnte Zeichnung
  übermäßige Zeichnung

(Die Markenzeichnung ist nicht als rein qualitatives Merkmal anzusehen; es gibt mehrere Varianten, und es sind mehr als zwei Allele beteiligt).

Vorhandene Allele:
  A = fehlende Zeichnung
  a^t = normale Zeichnung
  a^s = Sattelzeichnung

Mögliche Genotypen:
  AA = fehlende Zeichnung
  Aa^t = knappe oder fehlende (!) Zeichnung
  Aa^s = knappe, aber deutlich erkennbare Zeichnung
  $a^t a^t$ = normale Zeichnung
  $a^t a^s$ = ausgedehnte Zeichnung
  $a^s a^s$ = übermäßige Zeichnung

Interessant ist für die züchterische Praxis u. a. der Genotyp Aa^t. Häufig wird angenommen, daß aus der Verpaarung Schwarzmarken × Schwarzmarken keine einfarbig schwarzen Nachkommen fallen. Es gibt jedoch einige Beispiele, bei denen auch schwarze Welpen fielen, wenn ein Elternteil sehr knappe Marken hatte (A-Wurf v. d. Siggiburg, A-Wurf v. d. Helle, C-Wurf v. Egilo, A-Wurf v. d. Sepperl-Mühle u. a.). CHRISTINE SCHENKER hat in ihrem Manuskript „Farbvererbung beim Hovawart" (1979) intensiv diese Problematik bearbeitet.

Bei vielen (den meisten) Eigenschaften unserer Hunde sind eine größere Anzahl von Allelen bzw. auch unterschiedlichen Genen beteiligt, so daß von einem polygenetischen Erbgang zu sprechen ist. Es sind dies die quantitativen Eigenschaften, bei denen fließende Übergänge in der Merkmalausprägung zwischen den Einzeltieren sichtbar werden (z. B. Widerristhöhe, Haarlänge, Augenfarbe, aber auch unterschiedliche Grade der Hüftgelenksdysplasie u. a. m.). Die vielen an der Ausprägung eines bestimmten Merkmals beteiligten Gene haben nicht alle die gleiche Bedeutung. Manche sind in ihrer Wirkung schwächer (Minorgene), andere stärker (Majorgene). Durch letztere kommt es auch bei einer Reihe von quantitativen Eigenschaften zu Erbgängen, die denen bei Dominanz bzw. Rezessivität ähneln. Hinzu kommen Wechselwirkungen zwischen verschiedenen Genen, die gemeinsam an der Ausprägung eines Merkmals beteiligt sind (Epistasie u. ä.).

Eine Klärung der genetischen Zusammenhänge, insbesondere auch von eventuell vorliegenden genetischen Belastungen mit Erbfehlern ist nur mit mathematisch-statistischen Methoden (und dazu mit Hilfe der EDV) möglich. Es werden Kennziffern berechnet, die die genetische Belastung (oder bei erwünschten Merkmalen deren Gegenteil) deutlich und vergleichbar machen. Diese Kennziffern geben für das jeweilige Merkmal Auskunft über den Zuchtwert bzw. den Erbwert.

Im Rassezuchtverein für Hovawart-Hunde wird seit einigen Jahren eine Zuchtwertschätzung über ein Computer-Programm durchgeführt. Dabei werden die Beurteilungsergebnisse verwandter Tiere unter Berücksichtigung ihres Verwandtschaftsgrades zu dem interessierenden Einzeltier in die Bewertung einbezogen. Am stärksten wirken sich die Ergebnisse eigener Nachkommen aus, etwas weniger schon die der Geschwister und Eltern, noch weniger die der Großeltern, Onkel, Nichten, Neffen, usw. Entscheidende Bedeutung hat die Erfassung der Beurteilungsergebnisse möglichst vieler Tiere.

Durch die Zuchtwertschätzung sind Zuchtwarte und Züchter besser in der Lage, geplante Verpaarungen hinsichtlich ihrer besonderen Chancen und Risiken einzuschätzen, was letztlich der weiteren Verbesserung der Qualität der gezüchteten Hovawarte dient.

Rassehundezucht beinhaltet drei Grundlagen: die Beurteilung, die Selektion und die Verpaarung. In der Hovawartzucht gehört zur Beurteilung die Einschätzung des Phänotyps (des äußerlich sichtbaren) und die des Genotyps (Erbwert, Zuchtwert) sowohl der körperlichen (Erscheinung, Formwert) als auch der psychischen (Verhalten, Wesen, Leistung) Merkmale und Eigenschaften. Von der Genotyp-Beurteilung (Zuchtwertschätzung) war bereits die Rede. Die Beurteilung des Phänotyps erfolgt mehrfach während der Entwicklung eines Hundes, so daß die Aussagesicherheit größer und eine Unterscheidung zwischen erblichen und erworbenen Eigenschaften besser möglich wird.

Beurteilungen erfolgen:
- in den ersten Lebenstagen,
- im Alter von vier bis fünf Wochen,
- durch Wurfabnahme in der achten Lebenswoche,
- Nachzuchtbeurteilung ab dem 4. Lebensmonat ohne Altersbegrenzung,
- Jugendbeurteilung zwischen dem angefangenen 12. und dem vollendeten 24. Lebensmonat,
- Zuchttauglichkeitsprüfung ab dem angefangenen 20. Lebensmonat,
- Körung ab dem angefangenen 30. Lebensmonat.

Zu diesen Beurteilungen gehören immer auch Wesenstests. Das beginnt mit dem Welpen-Wesenstest bei der Wurfabnahme; gerade hier lassen sich, wie schon erwähnt, besonders deutliche Hinweise auf genetisch bedingt unterschiedliche Anlagen der einzelnen Welpen ableiten, weil zu diesem Zeitpunkt noch nicht die nach dem Verkauf eintretenden unterschiedlichen Umweltbedingungen die Wesensentwicklung beeinflußt haben. Besonders umfassend werden Verhaltensprüfungen bei der Jugendbeurteilung und bei der Zuchttauglichkeitsprüfung durchgeführt. Dort werden die Reaktionen des Hundes auf verschiedene optisch bzw. akustisch einwirkende Umweltsituationen, sein friedliches und sicheres Verhalten zu Einzelpersonen und Menschengruppen, sein Beutetrieb und (beim erwachsenen Hund) sein Verteidigungsverhalten überprüft. Natürlich lassen sich hierbei Trainingseffekte nicht völlig ausschließen, aber zumindest besonders gut oder besonders ungünstig veranlagte Hunde können herausgefunden werden.

Die zweite Grundlage der Tierzucht ist die Selektion, also die Auslese: Im Ergebnis der vorerwähnten Beurteilungen werden solche Hovawarte nicht zur Zucht zugelassen, die selbst zuchtausschließende Fehler aufweisen (Merkmalträger), also eine negative Selektion. Demgegenüber werden phänotypisch überdurchschnittlich gute Tiere besonders zur Zucht empfohlen bzw. häufiger als andere zur Zucht eingesetzt (positive Selektion). Die Zuchtwertschätzung erlangt in diesem Zusammenhang eine zunehmende Bedeutung; die Beurteilungsergebnisse verwandter Tiere fließen hier mit ein; und für genetisch besonders hoch mit Erbfehlern belastete Zuchttiere (Anlageträger) kommen praktisch kaum noch Paarungspartner in Frage. Andererseits wird beispielsweise ein Rüde mit besonders positiven Ergebnissen der Zuchtwertschätzung besonders gefragt sein.

62 Dritte Grundlage der Tierzucht ist die Verpaarung. Die unterschied-

lichen Möglichkeiten ergeben sich aus den individuellen Merkmalen der Partner oder aus ihren verwandtschaftlichen Beziehungen. Zu unterscheiden sind:

● Verpaarungen nach dem Äußeren, ohne Berücksichtigung des Verwandtschaftsgrades:
  – Verpaarung phänotypisch ähnlicher Tiere (z. B. Merkmalslinien),
  – Verpaarung phänotypisch unähnlicher Tiere (mit dem Ziel des Ausgleichs von Mängeln),
● Verpaarung nach dem Verwandtschaftsgrad:
  – Panmixie (zufällige Paarung): der Verwandtschaftsgrad der verpaarten Tiere entspricht dem Durchschnitt der Rasse,
  – Inzucht: Verpaarung von Tieren, die miteinander enger verwandt sind als der Durchschnitt der Rasse. Inzucht bewirkt eine Steigerung des Grades der Reinerbigkeit (Homozygotie) und damit eine größere Sicherheit der Weitergabe der Erbanlagen an die Nachkommen. Übertriebene Inzucht birgt aber auch Risiken, da auch unerwünschte Anlagen verstärkt weitergegeben werden und die Vitalität der Hunde negativ beeinflußt werden kann. Der Grad der Inzucht läßt sich mit mathematischen Methoden ermitteln (Inzuchtkoeffizient),
  – Fremdanpaarung: Sie ist in allem das Gegenteil der Inzucht. Es werden Tiere verpaart, die miteinander weniger verwandt sind als der Durchschnitt der Rasse. Fremdanpaarung bewirkt eine Steigerung des Grades der Mischerbigkeit (Heterozygotie). Sie kann eine Verbesserung der Vitalität mit sich bringen (Heterosis-Effekt); gleichzeitig werden aber die Ergebnisse von Verpaarungen über mehrere Generationen schwerer vorhersehbar.

In der Hovawartzucht werden mehrere Zuchtmethoden gleichzeitig angewandt. Während mit einem Teil der Zuchttiere innerhalb von Merkmalslinien gezüchtet wird, wird dies mit anderen Zuchttieren innerhalb von Verwandtschaftslinien getan. Für diese Linienzuchten kommen vorrangig besonders positiv veranlagte Hovawarte in Frage. Für unterdurchschnittlich veranlagte Zuchttiere wird im allgemeinen der Partner so ausgewählt, daß vorhandene Mängel nach Möglichkeit ausgeglichen werden.

In jedem Fall wird man die „Dopplung" von Mängeln und Fehlern vermeiden und Träger der gleichen unerwünschten Anlage nicht miteinander verpaaren.

Die Zuchtmethoden werden aber notwendigerweise auch in zeitlicher Reihenfolge wechseln. Wird z. B. innerhalb einer Verwandt-

63

schaftslinie der Inzuchtgrad der beteiligten Hunde zu groß, so werden Verpaarungen zwischen den Linien vorgenommen, die einer Fremdanpaarung gleichkommen. Besonders gut veranlagte Zuchttiere aus solchen Kombinationen können wiederum Ausgangspunkt für neue Verwandtschaftslinien sein (Kombinations-Linien-Zucht).

Die wichtigsten Ursachen und Voraussetzungen erfolgreicher Hovawartzucht sind somit:

– die objektive Beurteilung möglichst vieler Einzeltiere,
– die regelmäßige Analyse der Beurteilungsergebnisse,
– die Zuchtwertschätzung entsprechend dem aktuellen Stand,
– die am Rassestandard und an den erreichten Ergebnissen orientierte Selektion,
– die Verpaarung passender Partner im Rahmen von Zuchttier-Linien.

Voraussetzung für all dies war und ist das Engagement und die enge Zusammenarbeit von Züchtern, Zuchtwarten, Zuchtrichtern, Zuchtbuchführer und Zuchtleiter.

Zuchtpraxis

Zuchtordnung und Zuchtorganisation

Vor das Züchten haben „die Götter" die Zuchtordnung gesetzt. Im konkreten Fall waren dies die Mitglieder des Rassezuchtvereins in der Delegiertenversammlung. Die aktuelle Fassung der Zuchtordnung ist bei der Geschäftsstelle des Rassezuchtvereins (s. Anschriftenliste S. 103) erhältlich. Die inhaltliche Zielsetzung entspricht der des Vereins. Diese ist die Reinzucht der Hovawarte hinsichtlich ihres äußeren Erscheinungsbildes und rassetypischen Wesens sowie die Erhaltung und Förderung ihrer Leistungseigenschaften. Die Zuchtordnung beinhaltet die Rechte und Pflichten der Züchter, der Zuchtwarte, des Zuchtleiters, der Zuchtbuchstelle und des Zuchtbeirates. Einige wichtige Bestimmungen sollen hier stichpunktartig aufgeführt werden. Aber der gesamte Text ist Pflichtlektüre für jeden, der beabsichtigt, Hovawarte zu züchten.

Anforderungen an den Züchter

- Mitgliedschaft im vom VDH anerkannten Hovawart-Zuchtverein,
- sehr gute Bedingungen für Haltung und Aufzucht von Hovawarten (vom Zuchtwart vor Erteilung der ersten Deckgenehmigung zu überprüfen und zu bestätigen),
- nationaler, möglichst auch internationaler Zwingerschutz (Zuchtbuchstelle).

Anforderungen an das Zuchttier

- VDH- bzw. FCI-Ahnentafel,
- bestandene Jugendbeurteilung,
- bestandene Zuchttauglichkeitsprüfung,
- Nachweis über Hüftgelenksdysplasie-Freiheit,
- für die Leistungszucht zusätzlich erforderlich: bestandene Begleithundprüfung und Abrichtekennzeichen beider Zuchtpartner,
- für die Kör- und Leistungszucht zusätzlich erforderlich: bestandene Ausdauerprüfung und Körung sowie Bewertung „zur Zucht empfohlen" bei der Zuchttauglichkeitsprüfung.

Das Zulassungsalter für Zuchtveranstaltungen wurde bereits erwähnt (S. 62). Rüden und Hündinnen müssen zum Zeitpunkt der Zuchtverwendung (Decktag) mindestens 24 Monate alt sein. Die obere Zuchtaltersgrenze: Rüden scheiden per 31. 12. des Jahres aus der Zucht aus, in welchem sie zehn Jahre alt geworden sind, Hündinnen am letzten Tag des Monats, in dem sie acht Jahre alt wurden (Decktag).

Wichtig – da sie dem gesundheitlichen Schutz der Hündin dient – ist auch die Bestimmung über die Häufigkeit der Zuchtverwendung, wonach Hündinnen nicht mehr als einen Wurf pro Kalenderjahr haben dürfen. Zwischen den Würfen muß ein Abstand von neun Monaten liegen (Decktag). Bei Aufzucht von mehr als acht Welpen erhöht sich der Abstand auf 18 Monate.

Rechtzeitig vor dem zu erwartenden Decktermin läßt sich der Züchter bezüglich der in Frage kommenden Deckrüden vom Zuchtwart beraten und erhält von diesem das Formular Deckschein/Wurfmeldung. Nach dem Deckakt sendet der Züchter die Hälfte einer Doppelkarte an die Zuchtbuchstelle bzw. den Landesgruppenzuchtwart. Nach dem Werfen und erfolgter erster Wurfbesichtigung durch den Zuchtwart wird das Doppelformular Deckschein/Wurfmeldung an die Zuchtbuchstelle geschickt. Nach der Wurfabnahme (8. Lebenswoche) und Abgabe der Welpen sind die Wurfabnahmeprotokolle und die dazugehörigen Formulare entsprechend dem auf ihnen angegebenen Verteiler zu versenden.

Läufigkeit und Deckakt

Die Geschlechtsreife (d. h. die Befruchtungsfähigkeit des Rüden und die erste Läufigkeit der Hündin) tritt beim Hovawart frühestens mit etwa sieben Monaten, meist aber erst mit 9 bis 12 Monaten, manchmal noch später ein, denn der Hovawart ist eine relativ spätreife Rasse. Die Zuchtreife, d. h. die volle körperliche Leistungsfähigkeit, liegt dagegen erst bei einem Alter von zwei Jahren. Der günstigste Zeitpunkt für den ersten Wurf einer Hündin dürfte bei einem Alter von 2½ bis 3 Jahren liegen.

Die Brunst der Hündin wird als Läufigkeit (wegen ihres dann häufig vorhandenen Dranges zum Entweichen) oder auch als Hitze (wegen der vermehrten Durchblutung des Geschlechtsteils) bezeichnet. Diese Läufigkeit tritt bei der Hündin etwa alle fünf bis sieben Monate ein, wobei es individuelle Unterschiede gibt, so daß die Zeiträume zwischen zwei Läufigkeiten durchaus vier bis neun Monate betragen können. Auch alte Hündinnen werden, sofern sie gesund sind, noch regelmäßig läufig.

Äußerlich erkennbar ist die Läufigkeit zunächst an der Anschwellung der Scheide. Ein bis zwei Wochen später kommt es zur ersten Blutung (bedingt durch den die Trächtigkeit vorbereitenden Aufbau der Gebärmutterschleimhaut). Etwa acht Tage lang läßt sich ein zunächst dunkelroter, allmählich heller werdender lackartiger blutiger Ausfluß feststellen. Dieser ist ab etwa dem neunten Tag durchsichtig und schleimig und läßt dann ab etwa dem 15. Tag allmählich nach. Die Hündin ist zwischen dem 9. und 14. Tag paarungsbereit, manchmal allerdings auch noch deutlich länger. Die günstigsten Decktermine sind im allgemeinen der 11. und 12. Tag der Läufigkeit.

Um den Zeitpunkt der Paarungsbereitschaft genauer festzustellen, kann man die Hündin einem „Probierrüden" zuführen und ihr Verhalten genau beobachten (aber Vorsicht und den ungewollten Deckakt verhindern!). Sicherer, besonders bei „Problemhündinnen", wenn auch aufwendiger, sind jedoch Testmethoden, die in der Tierarztpraxis möglich sind. Der Tierarzt kann zum einen an den Zellveränderungen im Vaginalabstrich, zum anderen durch Hormonuntersuchungen in Blutproben den Verlauf der Läufigkeit und den Zeitpunkt der Ovulation (Eisprung) sehr genau beurteilen. Die wichtigste Maßnahme des Züchters selbst ist und bleibt es jedoch, den Beginn der Läufigkeit (den „ersten Bluttropfen") genau zu ermitteln. Da die Hündin sich häufig säubert und dabei das Blut aufleckt, sollte die Scheide regelmäßig angesehen und mit einem sauberen, weißen Tuch abgetupft werden, sobald der Termin der Läufigkeit näherrückt.

Zum Decken wird üblicherweise die Hündin zum Rüden gebracht. Die Hündin bleibt zunächst angeleint, bis man sicher ist, daß sie den Rüden nicht wegbeißt. Erst danach läßt man beide frei laufen, sie tollen dann meist einige Zeit herum. Schließlich stellt sich die Hündin dem Rüden und nimmt die Rute zur Seite. Der Rüde springt auf, umklammert die Hündin mit den Vorderläufen und führt den angeschwollenen Penis in die Scheide der Hündin ein. Nach mehreren stoßartigen Bewegungen (Friktion) kommt es zur Samenabgabe und zum anschließenden „Hängen" der Hunde, welches durchschnittlich 10 bis 15 Minuten dauert, Extreme zwischen 5 und 45 Minuten sind möglich. Während dieser Zeit steigt der Rüde ab und die Partner stehen entgegengesetzt zueinander.

Solange das Hängen andauert, sollten Rüde und Hündin von ihren Besitzern festgehalten werden, um Verletzungen der Tiere durch zu frühzeitige Trennungsversuche zu verhindern. Gelegentlich kann eine Samenabgabe und u. U. eine Trächtigkeit auch ohne das Hängen vorkommen. Bei jeder Paarung empfiehlt sich eine Wiederholung des Deckakts nach 12 bis 24 Stunden, da die Befruchtungsfähigkeit des Rüden nach längerer Ruhepause zunächst verringert ist. Außerdem erhöht sich die Wahrscheinlichkeit der zeitlichen Übereinstimmung zwischen Eisprung (Ovulation) und Decktermin.

Wird eine Hündin ungewollt gedeckt, so läßt sich eine Trächtigkeit vom Tierarzt durch Hormoninjektionen mit relativ hoher, aber eben nicht mit absoluter Sicherheit verhindern. Diese Hormoninjektionen können aber, insbesondere bei wiederholter Anwendung, auch zu Erkrankungen der Gebärmutter führen. Besser ist es also – wie eigentlich immer – vorbeugend tätig zu werden, d. h. die läufige Hündin bis etwa 3½ Wochen nach Läufigkeitsbeginn „unter Verschluß zu halten". Sie darf in dieser Zeit nie unbeaufsichtigt außerhalb des Hauses oder des wirklich „einbruchsicheren" Zwingers bleiben. Bewährt hat es sich, der Hündin chlorophyllhaltige Tabletten zu verabreichen, die den typischen, den Rüden anlockenden Geruch unterbinden. Hilfreich kann es auch sein, wenn man die Hinterpartie der Hündin mit geruchsintensiven, dabei aber unschädlichen Stoffen wie z. B. Nelkenöl, „einparfümiert".

Möglich ist es auch, durch Hormongaben die Läufigkeit zu unterbrechen oder zu verschieben. Während man bei einer Läufigkeitsunterbrechung mit eventuellen späteren Erkrankungen der Gebärmutter rechnen muß, ist die regelmäßige Hormoninjektion zur Läufigkeitsverhinderung relativ risikolos; sie kann aber auch dazu führen, daß die Hündin nach Absetzen der Behandlungen erst nach ein bis zwei Jahren wieder läufig wird.

Trächtigkeit und Geburt

Während der Trächtigkeit benötigt die Hündin hochwertige Nahrung, dazu muß auf hohen Eiweiß-, Vitamin- und Mineralstoffgehalt des Futters geachtet werden. Auch ausreichende Bewegung ist wichtig für die Kondition der Hündin. Schon jetzt soll sie dort ihr Lager erhalten, wo sie dann den Wurf zur Welt bringen wird. Dieser Raum muß trocken, warm und gegen Lärm geschützt sein. Eine Wurfhütte oder

-kiste ist erforderlich. Vor Geburtsbeginn ist eine Wärmequelle zu installieren, und die Wurfkiste ist mit auswechselbaren Zellstofflagen oder ähnlichem auszulegen.

Erste Anzeichen für eine Trächtigkeit werden erst ab Beginn der 5. Woche sichtbar. Besonders bei Hündinnen, die schon einmal geworfen haben, läßt sich dann eine leichte Rundung des Bauches und der Flanken beobachten. Ab 48. Tag ist der sichere röntgenologische Trächtigkeitsnachweis möglich. Gegen Ende der 7. Trächtigkeitswoche beginnt das Anschwellen der Milchdrüsen. Häufig verändert sich das Verhalten der trächtigen Hündin, sie wird ruhiger. Die Trächtigkeit der Hündin dauert im Durchschnitt 63 bis 65 Tage; normale Geburten zwischen dem 58. und dem 67. Tag (ganz vereinzelt noch später) sind möglich.

Das sicherste Anzeichen der bevorstehenden Geburt ist die plötzliche Futterverweigerung. Darüber hinaus gibt es weitere Anzeichen: Ein bis zwei Tage vor der Geburt wird ein glasiger Schleim aus der Scheide abgesondert. Etwa 24 Stunden vor Geburtsbeginn fällt die Körpertemperatur um 1 bis 1,5 Grad Celsius ab. Am auffälligsten sind die Veränderungen im Verhalten der Hündin. Häufig schon ein bis zwei Tage vor Geburtsbeginn wird sie unruhig, sucht das Wurflager auf, beginnt darin zu scharren, verläßt es wieder, hechelt und winselt häufig. Wenige Stunden vor Geburtsbeginn werden Darm und Blase wiederholt entleert. Dieses Verhalten zeigt sich während des 12 bis 24 Stunden dauernden Eröffnungsstadiums der Geburt.

Für den Züchter deutlich erkennbar ist als Geburtsbeginn die Austreibungsphase. Es setzen die Preßwehen ein, die allmählich stärker und häufiger werden. Es geht Fruchtwasser ab, weshalb die Hündin die Scheide häufig beleckt. Die Anzahl der für die Geburt eines Welpen notwendigen Preßwehen kann sehr unterschiedlich sein: von zwei bis drei Wehen bis zu zehn und mehr. Gewöhnlich werden die Welpen in Eihäuten geboren. Die Hündin beginnt sofort, die Eihäute aufzureißen, die Nabelschnur durchzukauen und den Welpen intensiv zu belecken. Das Auffressen der Nachgeburt (Eihäute und Mutterkuchen) durch die Hündin sollte man soweit wie möglich einschränken, da die Folge oft heftiger Durchfall ist.

Die Geburt dauert in Abhängigkeit von der Anzahl der Welpen etwa vier bis acht Stunden, kann aber auch 12 und mehr Stunden andauern. Im Durchschnitt liegen zwischen der Geburt zweier Welpen 30 bis 40 Minuten; diese Zeitabstände wechseln jedoch, so daß manchmal nur fünf Minuten, dann aber u. U. auch zwei Stunden bis zur Geburt des

Hündin mit Saugwelpen

nächsten Welpen vergehen können. Wenn mehrere Stunden nach Abgang des Fruchtwassers die Geburt nicht in Gang gekommen ist, sollte ein Tierarzt hinzugezogen werden. Geburtshilfe durch den Tierarzt wird auch dann notwendig, wenn die Hündin über längere Zeit immer wieder Preßwehen hat, ohne daß ein Welpe geboren wird, oder wenn die Anzahl und Stärke der Wehen offensichtlich nicht mehr ausreichend ist.

Hilfe des Züchters kann durchaus notwendig werden. In jedem Fall sollte er während des gesamten Geburtsverlaufes bei der Hündin sein. Sie gibt meist auch deutlich zu erkennen, daß sie dies wünscht. Verzögert sich der Durchtritt des Welpen durch die Scheide, so sollte – insbesondere bei Hinterendlage – durch vorsichtiges Ziehen an Hautfalten der Bauchgegend bzw. bei Vorderendlage an der Brust des Welpen eingegriffen werden. Keinesfalls darf jedoch am Welpenkopf gezogen werden, da sonst die Wirbelsäule verletzt werden könnte.

Befreit die Hündin den geborenen Welpen nicht sofort von den Eihäuten, so besteht akute Erstickungsgefahr. Man muß dann so schnell wie möglich die Eihäute im Bereich des Kopfes aufreißen und den Schleim aus Nase und Fang des Welpen entfernen. Anschließend wird die Nabelschnur durchtrennt. Mit zwei Fingern einer Hand wird die Nabelschnur unmittelbar an der Bauchdecke gut festgehalten, während sie mit der anderen Hand etwa fingerbreit von der Bauchdecke entfernt durchgerissen wird. Ein Abbinden (mit sterilem Faden) ist in den seltensten Fällen notwendig. Solche Hilfeleistungen können besonders bei dem ersten Welpen der erstmals werfenden Hündin nötig werden.

Wichtig – wenn auch praktisch oft nicht leicht – ist es, möglichst genau die Anzahl der Nachgeburten festzustellen; in der Gebärmutter verbliebene Nachgeburten (Mutterkuchen) können zu schweren Erkrankungen der Hündin und damit auch der Welpen führen. Hat ein Welpe Fruchtwasser in die Atemwege bekommen („schnorchelndes" Atmen), so kann dies durch intensives „Ausschleudern" des Welpen entfernt werden. Man nimmt ihn dazu in beide Hände, fixiert dabei mit den Fingern seinen Kopf (!) und schleudert den Neugeborenen mehrfach unter schwingenden Bewegungen nach unten, ihn dabei immer gut festhaltend.

Jeder Welpe sollte unmittelbar nach seiner Geburt gewogen werden. Die Geburtsgewichte von Hovawartwelpen liegen zwischen 400 und 500 g; Abweichungen bis auf 300 g und auch über 600 g kommen vor. Auch Welpen mit etwa 300 g Geburtsgewicht können erfolgreich aufgezogen werden, wenn sie vital sind. Wichtig ist auch, gewissenhafte Aufzeichnungen über Geschlecht, Farbe, sichtbare Markenzeichnungen, eventuelle weiße Abzeichen, vorhandene oder fehlende Afterkrallen, die Vitalität der einzelnen Welpen und etwaige Besonderheiten zu machen. Nach dieser ersten Besichtigung wird der Welpe möglichst schnell an das Gesäuge der Mutter gelegt. Zur genauen Kontrolle des Geburtsverlaufs gehört auch, daß die Geburtszeit jedes einzelnen Welpen festgehalten wird.

Zwischen den Geburten der einzelnen Welpen kann es durchaus sinnvoll sein, bei Einsetzen der Preßwehen die bereits geborenen Welpen vorübergehend in einem mit einem Heizkissen ausgestatteten oder von einer Infrarotlampe bestrahlten Korb unterzubringen. Sobald wie möglich werden sie aber wieder zur Hündin gelegt.

Der Abschluß der Geburt ist an dem dann deutlich ruhigeren Verhalten der Hündin zu erkennen. Bestehen Zweifel daran, ob die Geburt tatsächlich abgeschlossen ist, so sollte der Tierarzt hinzugezogen werden!

In den ersten Tagen nach der Geburt ist eine regelmäßige Überwachung von Hündin und Wurf notwendig, weil die Hündin sich auf einen Welpen setzen oder legen und ihn dadurch „erdrücken", genauer gesagt ersticken könnte.

Die Hündin verläßt in den ersten Stunden und Tagen selten, und dann auch nur für kurze Zeit, das Wurflager. Gelegentlich kann sie sogar eine mehr oder weniger deutliche Aggressivität gegenüber jedem zeigen, der versucht, sich den Welpen zu nähern.

Dieses instinktive Verteidigungsverhalten läßt nach ein bis zwei Wochen nach. Fremde Personen sollten es akzeptieren, sich also fernhalten. Der Züchter selbst sollte sich sanft, aber sehr konsequent durchsetzen.

Am ersten und/oder zweiten Tag nach der Geburt kann es notwendig sein, die Hinterpartie der Hündin (mit einem milden Haarwaschmittel) zu waschen und anschließend trockenzufönen. Angebracht ist es auch, nach der Geburt die Körpertemperatur der Hündin regelmäßig zu messen, um Gesundheitsstörungen rechtzeitig zu erkennen. Der in den ersten zwei Tagen reichlich auftretende schwarz-grünliche Scheidenausfluß ist normal, verlangt aber ein regelmäßiges Wechseln der Unterlagen im Wurflager.

Welpenaufzucht

Wie wesentlich es für die normale Verhaltensentwicklung des Hundes ist, wenn man bereits dem Welpen ein Optimum an Umwelt- und Personenkontakten bietet, wurde schon ausführlich beschrieben. Hier folgen Hinweise zur praktischen Welpenaufzucht.

Wichtigste Kontrolle der normalen Entwicklung ist das regelmäßige Wiegen. Die Welpen wachsen sehr schnell. In der ersten Lebenswoche sollen sie ihr Geburtsgewicht nahezu verdoppeln, mit etwa drei Wochen sollte das vierfache Geburtsgewicht erreicht sein. Die Tabelle zeigt die Durchschnittswerte aus einer Reihe von Würfen.

Eventuell vorhandene Afterkrallen an den Hinterläufen werden in den ersten zwei, drei Lebenstagen z. B. mit einer ausgekochten Nagelschere an ihrer Basis entfernt; Nachbehandlung ist nicht erforderlich.

Eine erste Entwurmung der Welpen ist bereits zwischen dem 5. und 10. Lebenstag notwendig. Wurmbefall ist an übermäßig prallen Welpenbäuchen und auffälliger Unruhe der Welpen zu erkennen. Ausge-

Erste Fütterung

schiedene Würmer werden von der Mutterhündin mit dem Welpenkot aufgenommen.

Läßt die Gewichtzunahme der Welpen nach, so wird mit dem Zufüttern begonnen. Das ist zwischen dem 14. und 20. Lebenstag der Fall. Man beginnt zunächst mit einer kleinen Ration täglich, die man aus der Hand füttert. Innerhalb kurzer Zeit nehmen die Welpen das Futter aus der Schüssel; man sollte von Anfang an die Welpen getrennt füttern, d. h., jeder hat seine eigene Futterschüssel.

Bewährt hat es sich, in der 3. Lebenswoche einmal täglich zu füttern, in der 4. Woche zweimal, in der 5. Woche dreimal, in der 6. Woche viermal, in der 7. Woche vier- bis fünfmal und in der 8. Woche drei- bis viermal, je nachdem, welcher Fütterungsrhythmus beim neuen Welpenbesitzer dann weitergeführt werden kann. Im 4. und 5. Lebensmonat sollen täglich drei Portionen, vom 6. bis 12. Monat täglich zwei Portionen gefüttert werden. Erst beim einjährigen Hund kann man dann zur

73

täglich einmaligen Fütterung übergehen. Auch der Junghund sollte regelmäßig gewogen und darüber hinaus auch gemessen werden. Anhaltspunkte für eine normale Entwicklung bietet die Übersicht „Entwicklung von Gewicht und Größe beim Hovawart".

Normale Entwicklung von Welpen mit unterschiedlichen Geburtsgewichten (Durchschnittswerte mehrerer Würfe, zusammengefaßt in zwei Wurfgruppen)

| Alter nach Tagen | Welpengewicht in Gramm | |
	Gruppe 1	Gruppe 2
Geburtsgewicht	529	368
2	544	356
3	607	406
4	666	476
5	767	528
6	865	594
7	961 (1,8fach)	646 (1,8fach)
14	1546 (2,9fach)	1045 (2,8fach)
21	2178 (4,1fach)	1546 (4,2fach)
28	2836 (5,4fach)	2228 (6,0fach)
35	3643 (6,9fach)	3482 (9,5fach)
42	4895 (9,2fach)	4666 (14,3fach)
49	6073 (11,5fach)	5965 (16,2fach)
56	7713 (14,6fach)	7168 (19,5fach)

Übersicht zur Entwicklung von Gewicht und Größe (Widerristhöhe, Schulterhöhe) beim Hovawart (Durchschnittswerte mehrerer Hunde)

| Alter (Monate) | Rüde | | Hündin | |
	Gewicht (kg)	Größe (cm)	Gewicht (kg)	Größe (cm)
2	8,3	34	7,8	33
3	15,0	41	12,5	41
4	21,5	49	18,0	48
5	27,0	55	24,0	55
6	31,5	62	27,0	61
7	37,0	64	28,0	62
8	39,5	66	30,0	63
9	42,0	68	31,5	64
10	43,0	69	32,5	65
12	43,5	69	33,0	66
24	45,0	70	36,0	66

Die Übersicht zeigt die Tendenz. Individuelle Abweichungen im Entwicklungstempo gibt es durchaus. Ebenso treten unterschiedliche Maße und Gewichte bei den erwachsenen Hunden auf. Bei Rüden liegen die Gewichte zwischen 38 kg und 48 kg, die Schulterhöhenmaße zwischen 65 cm und 74 cm. Bei Hündinnen liegen die Gewichte zwischen 28 kg und 40 kg, die Maße zwischen 58 cm und 68 cm. In Einzelfällen kommen auch höhere oder niedrigere Werte vor.

Haltung und Pflege

Der Hovawart ist ein „pflegeleichter" Hund. Nichts an ihm muß be- oder abgeschnitten werden. Baden ist unnötig, wenn unser Hund sich nicht gerade ausgiebig in besonders „wohlriechenden" Dingen gewälzt hat. Dagegen ist das Schwimmen in natürlichen Gewässern erlaubt und für viele (nicht alle) Hovawarte ein Vergnügen.

Notwendig ist es aber, das gesamte Fell des Hundes einmal wöchentlich (in Zeiten des Haarwechsels auch öfter) kräftig durchzubürsten. Damit sollte man bereits beim ganz jungen Welpen anfangen – um so leichter gewöhnt sich der Hund daran. Wichtig ist es, auch hinter den Ohren (d. h. am Ohrgrund) das Haar durchzubürsten, da es dort sonst nach einiger Zeit verfilzen kann. Bewährt hat sich die sogenannte Pudelbürste, eine Hundebürste mit an den Enden abgebogenen Drahtborsten.

Eine Reinigung der Ohren ist kaum nötig, sofern nicht gerade einmal das Außenohr stark verschmutzt ist. In diesem Fall sollte eine Reinigung mit einem feuchten Wattebausch erfolgen, wobei der Gehörgang abgedeckt wird, um das Hineinfallen von Schmutzteilchen zu verhindern.

Regelmäßige Kontrollen der Zähne auf Zahnsteinbildung (braune Beläge) sind notwendig; die Zahnsteinentfernung sollte dem Tierarzt überlassen bleiben.

Zur „Ausrüstung" unseres Hovawarts gehört in den ersten Lebensmonaten ein Lederhalsband, ab siebtem bis achtem Monat ein Kettenhalsband. Das Druckhalsband („Stachelhalsband") ist eine Erziehungshilfe und sollte nur dann angelegt werden, wenn es darum geht, unerwünschte Handlungen, die der Hund sich angewöhnt hat, wieder abzustellen; beim Vorführen im Ausstellungsring ist es nicht erlaubt. Benötigt wird auch eine stabile (genähte) Hundeleine, wobei es die 1-m-Leine, die doppelte (ausschnallbare) Leine und die Kurz-Führleine zu unterscheiden gilt; auf einen stabilen Bolzenhaken, der sich nicht durch Zug des Hundes oder durch versehentliche Berührung öffnet, sollte man achten. Die Anschaffung eines Beißkorbs und die rechtzeitige Gewöhnung des Hundes an diesen kann notwendig sein,

Zwei blonde Hovawarte – bestechend in Farbe und Ausdruck!

wenn unser Hund dorthin mitgenommen werden soll, wo ein solcher getragen werden muß.

Die Unterbringung des Hovawarts sollte gut überlegt und vorbereitet sein, schon bevor der Welpe ins neue Heim kommt. Ganz gleich, ob er hauptsächlich im Haus oder außerhalb leben wird: Wichtig ist ein Platz, auf den sich der Hund ungestört zurückziehen kann. Diesen sollte dann auch die ganze Familie respektieren. Insbesondere Kindern muß klargemacht werden, daß ein Hund kein jederzeit verfügbares Spielzeug ist.

Das Hundelager im Haus soll sich in einem relativ ruhigen, zugfreien und möglichst kühlen Bereich befinden. Als Unterlage kann man Decken oder ähnliches verwenden, aber keinesfalls etwas, das für den Hund durch Zerreißen und anschließendes Verschlucken gefährlich werden kann. Der drinnen gehaltene Welpe muß tagsüber etwa alle zwei Stunden zum Lösen nach draußen gebracht werden, nachts in allmählich länger werdenden Abständen, aber eben konsequent. So ist die „Stubenreinheit" relativ schnell erreichbar.

Wer einen Hund in Haus oder Wohnung hält, braucht einen guten Staubsauger zur Beseitigung der unvermeidbar anfallenden Haare. Besonders in den ersten Lebensmonaten muß auch vieles gesichert werden, an dem der Welpe oder Junghund sonst gern nagen würde (Steckdosen, Kabel elektrischer Geräte, wertvolle Teppiche u. a. m.), aber er muß entwicklungsbedingt beißen und kauen, also gebe man ihm z. B. sog. Büffelhautknochen, weiche Kalbsknochen oder Knorpelfetzen, die er erfahrungsgemäß gern malträtiert. Natürlich führt auch hier konsequente Erziehung allmählich zum Ziel.

Am Treppensteigen sollte man den jungen Welpen hindern; es würde zu einer unphysiologischen Dehnung von Bändern und Gelenken führen.

Die Vorteile des „Haus"-Hundes liegen darin, daß dieser ständig mit seinem „Rudel" (sofern dieses anwesend ist) zusammensein und seine Wachhundfunktion viel besser ausfüllen kann.

Es gibt auch gute Kompromißlösungen, so z. B. den Hundezwinger unmittelbar an einem Eingang zum Haus oder den ständigen freien Wechsel des Hundes zwischen Haus und Grundstück. Wird der Hund nur auf dem Grundstück gehalten, so hat sich ein Hundezwinger bewährt, in dem er sich dann aufzuhalten hat, wenn die Situation es erfordert. Auch ein im Zwinger gehaltener Hovawart sollte sich regelmäßig für einige Zeit in Haus oder Wohnung aufhalten.

Der Zwinger muß eine Grundfläche von mindestens 16 bis 24 m^2 sowie eine etwa 2 m hohe Einzäunung (ohne als Absprungfläche geeignete Querstreben) besitzen. Ein Teil des Bodens wird befestigt (Holz oder wärmegedämmter Estrich), der andere Teil wird mit Sand aufgefüllt. Etwa die Hälfte des Zwingers sollte überdacht sein. Der im Freien gehaltene Hovawart braucht eine Hundehütte, auch wenn er sich nur selten in diese zurückzieht (Länge 110 cm, zuzüglich Windfang 50 cm, Breite 70 cm, Höhe 80 cm, Eingang 60 cm hoch und 30 cm breit; Fußboden, Wände und Dach sind doppelwandig mit Isolierschicht; Dach oder eine Wand aufklappbar).

Wichtigste Pflegemaßnahme ist der richtige Umgang mit dem Hund! Er braucht vor allem (von klein auf!) viel Kontakt mit Umweltfaktoren verschiedenster Art und mit möglichst vielen unterschiedlichen Menschen. Nur selten – aber immerhin noch – begegnet man der völlig falschen Meinung: Meinen Hund soll niemand anfassen, sonst wird er nicht wachsam und verteidigungsbereit.

Richtig ist: Ein Hund, der in seiner frühen Jugendentwicklung den

Menschen als positiven Partner erlebt hat, wird ein hohes Maß Sicherheit eben gegenüber Menschen entwickeln. Er wird sich als erwachsener Hund aufmerksam und „selbstbewußt" gegenüber fremden Menschen verhalten und dabei weder ängstlich noch aggressiv (oder gar beides) sein. Auf dieser Grundlage lassen sich dann Wachsamkeit und ein kontrollierbares (!) Verteidigungsverhalten aufbauen. Dafür ist natürlich ein gewisser Aufwand nötig, da fachkundige Anleitung und Hilfe auf dem Übungsplatz in Anspruch genommen werden müssen, wenn das Erziehungsergebnis optimal sein soll.

Der Hovawart braucht ausreichend Bewegung und Möglichkeiten zu aktivem Spiel. Diese sollten ihm durch regelmäßige Spaziergänge und durch sein „Lieblingsspiel" Beutemachen geboten werden. Als Beute eignen sich z. B. Lappen, Bälle – sofern der Hund sie weder zerbeißen noch verschlucken kann – und viele andere Dinge. Etwas verringerte Intensität des Beutespiels ist im Interesse einer normalen Gebißentwicklung während des Zahnwechsels (4./5. Lebensmonat) angebracht.

Der Hovawart sollte auch Kontakt mit anderen Hunden haben. Frühzeitige Begegnungen mit solchen, die einem selbst als gesund und in ihrem Verhalten normal bekannt sind, lassen unseren Hovawart zum „Hundefreund" werden, so daß Spielpartner immer ausreichend vorhanden sind. Möglichkeiten für Kontakte – von Hund zu Hund – bieten sich u. a. auch bei den Welpenspaziergängen, die sogar auch regional von Rassezuchtvereinen organisiert werden.

80   *Unschuldig schau ich aus, aber . . .*

Ernährung

Die wildlebenden Ahnen unseres Hundes waren Jäger. Sie verzehrten ihre Beute mit Haut und Haar. Bevorzugte Leckerbissen waren die Innereien. Magen und Darm ihrer Beutetiere enthielten auch vorverdaute Pflanzen und wichtige Vitamine. Wölfe und Wildhunde fraßen also nicht nur Fleisch. Genauer wäre die Bezeichnung „Beutefresser". Aus Untersuchungen des Mageninhaltes wissen wir, daß darüber hinaus praktisch alles auf dem Speisezettel stand, was die Natur bot: Früchte, Samen und Gräser, Frösche und Schlangen, selbst Insekten wurden verzehrt. Nur so konnten der Hunger gestillt und konnten genügend Vitamine und Mineralstoffe aufgenommen werden.

Angemessene artgemäße Nahrung hat der Hundehalter seinem Hund nach dem Tierschutzgesetz anzubieten. Unkenntnis und falsch verstandene Tierliebe können leicht zu Tierquälerei führen: Der Hund ist kein Resteverwerter. Mit Süßigkeiten ist ihm nicht gedient. Falsche Ernährung kann Fettsucht, innere Erkrankungen oder Hautkrankheiten verursachen. „Angemessen" ist nur eine gesunderhaltende Nahrung. Die Freßgewohnheiten der Wildtiere zeigen, wie das Futter zusammengesetzt sein muß:

Fleisch ist die Ernährungsgrundlage. Es enthält neben Salzen, Geschmacksstoffen und Vitaminen vor allem Eiweiß. Reines Muskelfleisch oder Herz kann ebenso wie ausschließlich minderwertige sehnige, häutige oder knorpelige Teile zu Verdauungsstörungen führen. „Artgemäß" ist eine aus leichter und schwerer verdaulichen Bestandteilen gemischte Fleischgrundlage. Dazu gehört auch tierisches Fett. Es dient als Energiequelle.

Pflanzen enthalten neben Eiweiß, Vitaminen und Mineralstoffen vor allem Stärke und Zucker. Diese Kohlehydrate liefern ebenfalls Energie. Sie muß aber bei den meisten Nährmitteln durch Erhitzung „aufgeschlossen", das heißt verdaulich gemacht werden. Für Sättigung, Darmfüllung und geregelte Verdauung sorgen unverdauliche Rohfasern, die vor allem in Rohkost, aber auch in Hundeflocken, weniger jedoch in gekochtem Reis enthalten sind. Ungesättigte Fettsäuren aus Pflanzenölen sind vor allem für gesunde Haut und glänzendes Fell wichtig. Für den gesunden Hund ist eine Ergänzung der Fleischgrundlage durch aufgeschlossene rohfaserhaltige Pflanzenkost das richtige. Eine vielseitig zusammengesetzte Nahrung enthält auch Vitamine. Das sind Wirkstoffe, die für Stoffwechselprozesse wie Blutgerinnung, Nervenfunktion oder Infektabwehr benötigt werden, die der Körper jedoch selbst nicht produzieren kann. Mineralstoffe und Spurenelemente sind nicht nur für den Knochenbau, sondern auch für viele andere Stoffwechselprozesse unerläßlich.

Eine Wissenschaft für sich?

Erhaltungs- und Leistungsbedarf, Nährwerttabellen, Kalorien und Joule – das ist schon eine Wissenschaft für sich – beflügelt durch die Futtermittelindustrie. Bei allem Respekt wundert sich der Praktiker, daß trotz Unkenntnis und Fehlern früherer Zeiten die Spezies Haushund nicht längst ausgestorben ist. Zum besseren Verständnis genügen folgende Überlegungen: Der Körper des erwachsenen Hundes befindet sich in einem dauernden Umbau. Zur Erhaltung der Körpersubstanz sind daher Eiweißbausteine erforderlich, für die damit verbundenen Stoffwechselvorgänge Energielieferanten, Vitamine und Mineralstoffe. Das Futter soll in der Trockenmasse mindestens ein Drittel Eiweiß und fünf Prozent Fett und höchstens die Hälfte Kohlehydrate enthalten.

Welpen und Junghunde brauchen für ihr Wachstum mehr Nahrung als gleich schwere erwachsene Hunde: bis zum sechsten Monat etwa doppelt soviel und dann immerhin noch 50 Prozent mehr. Ihr Futter soll zu zwei Dritteln, später mindestens zur Hälfte aus Fleisch und anderen Eiweißstoffen bestehen. Diese Richtwerte gelten nur bei normaler Belastung. Besondere Leistungen erfordern eine Zulage. Als Fleischfresser kann der Hund zwar auch aus Eiweiß Energie gewinnen, die Ausbeute ist jedoch gering (und teuer). Zugelegt werden daher kohlehydrathaltige Futtermittel. Erhaltungs- und Leistungsbedarf sind praktisch nicht zu trennen. Bei Dauerbelastung kann bis zu viermal mehr Energie als bei Ruhe verbraucht werden.

Die wichtigsten Grundregeln

Die Futterration kann nicht mit der Briefwaage abgemessen werden. Neben Alter und Leistung ist die individuelle Veranlagung des Hundes ausschlaggebend. Es gibt gute und schlechte Futterverwerter. Ein normal veranlagter, durchschnittlich beanspruchter erwachsener Hovawart braucht täglich 500 bis 1000 g Fleisch mit etwa 250 g Flocken. Der gesamte Futterbedarf kann problemlos durch Fertigfutter gedeckt werden. Ein erwachsener Hund wird alle die Futtermittel gern und mit Appetit verzehren, die er als Welpe bereits kennengelernt hat. Bei einem gesunden, gut ernährten Hund sollen die Rippen optisch nicht hervortreten, mit der flachen Hand aber noch fühlbar sein. So kann man „erfühlen“, ob etwas Futter zugelegt oder abgezogen werden muß.

Junghunde können die tägliche Futtermenge unmöglich auf einmal aufnehmen. Eine Magenüberladung wäre die Folge. Knochen, Bänder und Gelenke würden zu stark belastet und bleibende Schäden davontragen. Immerhin braucht ein halberwachsener, 20 kg schwerer Hovawart bereits genausoviel Futter wie sein ausgewachsener Artgenosse. Die Ernährung der Welpen erfolgt zunächst genau so, wie der Züchter es gehandhabt und dem Käufer empfohlen hat. Umstellungsbedingte Verdauungsstörungen werden so vermieden. Dem Welpen wird die Eingewöhnung erleichtert. Bis zum Abschluß des Zahnwechsels mit etwa sechs Monaten erhält der Junghund täglich drei, später bis zum Abschluß des Wachstums mit etwa eineinhalb Jahren zwei Mahlzeiten täglich. Der Junghund darf zunächst noch etwas „Babyspeck“ haben. Er hilft, Krankheiten besser zu überstehen. Mangelernährung in der Jugend ist kaum wiedergutzumachen. Fresser werden nicht geboren, sondern erzogen: der erwachsene Hund erhält täglich eine Mahlzeit. Was in einer Viertelstunde nicht aufgefressen ist, gehört in den Mülleimer. Wichtig ist eine regelmäßige feste Futterzeit, weniger wichtig, ob dies morgens, mittags oder abends ist. Stets soll jedoch der Hund nach dem Fressen ruhen, so wie es auch Wildtiere nach ergiebigem Mahl zu tun pflegen. Bei „Sport und Spiel“ besteht die Gefahr, daß sich ein gefüllter Magen verdreht – eine lebensgefährliche Situation.

Das Futter soll vielseitig sein, damit es alle benötigten Nährstoffe enthält. Der Hund braucht aber keine Geschmacksabwechslung. Er kann durchaus dauernd das gleiche Futter erhalten, wenn dies optimal zusammengesetzt ist.

Fertigfutter – sicher, bequem und preiswert

Die Vorurteile gegen Fertigfutter sind überholt. Es entspricht in Eiweißanteil und sonstigen Inhaltsstoffen den wissenschaftlichen

Erkenntnissen. Durch moderne Konservierungsverfahren werden Vitamine weniger geschädigt als durch haushaltsübliches Kochen. Krankheitserreger im Fleisch werden bei der Herstellung abgetötet. Ein weiterer Vorteil ist die praktische Vorratshaltung. Auf Reisen ist Fertigfutter die einfachste Futterlösung. Es ist nicht teurer als selbstzubereitetes Futter. Gegen Fertigfutter gibt es eigentlich nur einen Einwand: artgemäßerweise frißt der Hund Rohes, nicht aber Gekochtes. Aus der Vielfalt der angebotenen Fertigfuttermittel sollte man sorgfältig auswählen. Ein sehr niedriger Preis ist oft gleichbedeutend mit minderer Qualität. Einige Hinweise über Eignung und Qualität erhält man aus den Angaben über die Zusammensetzung auf dem Etikett. Allerdings sagen diese Zahlen nicht alles, da z. B. die Angaben über die Verdaulichkeit des Rohproteins in aller Regel fehlen.

Dosenfutter enthält je nach Sorte reichlich Eiweiß und relativ viel Wasser. Das Etikett muß genau gelesen werden: „Vollnahrung" enthält bereits pflanzliche Futtermittel und ist futterfertig. Zu „Fleischnahrung" müssen noch Flocken, Reis oder Gemüse zugemischt werden. Als vermeintlicher Nachteil werden vielfach die großen Kotmengen nach Verfütterung von Dosenfutter empfunden. Sie sind Folge des Rohfaseranteils und der damit verbundenen guten Darmfüllung. Es ist auf Dauer kaum möglich, einen Hovawart ausschließlich mit Dosenfutter ausreichend zu ernähren.

Fertigfuttermischungen aus Trockenfleisch und Nährmitteln werden mit warmem Wasser oder Brühe dickbreiig angerührt – eine unproblematische Futterzubereitung.

Trockenfutter in Keks- oder Ringform und Hundekuchen enthalten fünfmal weniger Wasser als normal feuchtes Futter. In einem Extranapf muß daher unbedingt Wasser angeboten werden, was ohnehin zu einer guten Hundehaltung gehört. Im Angebot sind Trockenfuttersorten, die „pur" gegeben werden, und solche, die ca. 15 Minuten vor der Verfütterung mit Wasser eingeweicht werden. Zwischen den verschiedenen Sorten gibt es erhebliche Qualitätsunterschiede. Im Durchschnitt gilt ungefähr: 200 g Trockenfutter haben etwa den gleichen Nährwert wie eine 850-g-Dose Vollnahrung oder 400 g Fleisch und 125 g Flocken. Zusätzliche „Leckerlis" sind Dickmacher!

Fertigfutter ist meist nach dem Bedarf erwachsener Hunde zusammengestellt. Junghunde erhalten daher als Eiweißzulage zusätzlich Fleisch oder Milcherzeugnisse oder aber gleich ein spezielles Welpen- oder Junior-Fertigfutter.

Eigener Herd . . .

Schwieriger ist es, seinen Hund mit selbstzubereitetem Futter zu ernähren.

Fleisch ist die Futtergrundlage. Rinderpansen und Blättermagen, Herz, Fleischabschnitte, Maulfleisch, Leberabschnitte, Schlund, Milz und Nieren sind ein fast vollwertiger Ersatz für das teurere Muskelfleisch. Euter, Lunge und „Schweineringel" sind nur bedingt und in kleinen Mengen geeignet. Besonders wertvoll ist „grüner" Pansen: Der rohe, ungereinigte Rindermagen enthält bereits vorverdaute Pflanzenteile und Vitamine, die aus den Pflanzen stammen oder im Pansen gebildet wurden. Haltbarer und weniger duftend ist der gereinigte und gebrühte „weiße" Pansen. Geflügelinnereien und Schweinefleisch sollten stets gekocht werden. Sie könnten sonst Durchfall verursachen oder die gefürchtete Aujeszkysche Krankheit übertragen. Die Fleischgrundlage sollte stets aus verschiedenen Bestandteilen bestehen. Bei einseitiger Zusammensetzung, zum Beispiel ausschließlich Pansen, können Eiweißbausteine fehlen, die der Hund braucht.

Andere Eiweißquellen können das Futter vervollständigen. Hunde mit gesunder Leber und Niere dürfen gelegentlich unverdorbenen Fisch, frei von harten Gräten, fressen. Junghunde bis zum sechsten Monat können täglich eine mit Milch hergestellte Mahlzeit erhalten. Bei älteren Junghunden muß Kuhmilch verdünnt werden. Erwachsene Hunde erhalten – wie in der Natur – keine Milch. Sie können den Milchzucker nicht verdauen. Der Darminhalt wird dadurch zu weich. Hauterkrankungen können die Folge sein. Besser als Kuhmilch sind Welpenmilch-Präparate, die auch von älteren Hunden vertragen werden. Auch rohes Eiklar kann der Hund nicht richtig verdauen. Rohes Eigelb ist dagegen vor allem für junge und kranke Hunde gut und bekömmlich. Gekochte und gebratene Eier verträgt jeder Hund. Viele Hunde mögen auch Magerquark – eine wertvolle Ergänzung hochwertigen Eiweißes – besonders für Junghunde. Käse ist entgegen Vorurteilen nicht schädlich. Käserinden, Wurstpellen, Geräuchertes und Gewürztes gehören aber nicht in den Hundenapf.

Einkaufsmöglichkeiten für Futterfleisch bieten Hundefutterhandlungen und Fleischereien sowie Zoogeschäfte und Supermärkte. Frisches Futterfleisch ist leicht verderblich und sollte auch bei Kühlung nicht länger als zwei Tage aufbewahrt werden, gekochtes hält sich ein bis zwei Tage länger. In der Gefriertruhe kann man Fleisch etwa drei

Monate aufbewahren, zweckmäßigerweise in dicht schließenden Kunststoffbeuteln portionsweise verpackt.

Die Zubereitung des Futters erfordert nur geringen Aufwand. Da der Hund sein Futter nicht kaut, sondern schlingt, wird das Fleisch in maulgerechte Happen geschnitten, aber nicht wie Hackfleisch zerkleinert. Viele Hundefutterhändler nehmen dem Käufer diese Arbeit ab. Das frische oder aufgetaute Fleisch wird mit heißem Wasser angebrüht. So bleibt es innen roh, wird aber leicht erwärmt. Eiskaltes Futter ist Gift für den Hundemagen.

Als pflanzliche Ergänzung können gekochte Haferflocken, Graupen oder Reis zugegeben werden. Einfacher geht es mit „Hundeflocken", einem Gemisch getoasteter und daher verdaulicher Getreideerzeugnisse mit ausreichendem Rohfasergehalt. Zwei Maß Flocken werden einem Maß Fleisch mit warmem Wasser zugemischt. Das Futter soll dickbreiig, nie suppig sein. Junghunde erhalten Flocken und Fleisch zu gleichen Raumteilen. Von Fall zu Fall sollen die Flocken ganz oder teilweise durch Gemüse ersetzt werden, das mit einer Gabel zerdrückt wird. Es schadet nichts, wenn Essenreste leicht gesalzen sind. Der Hund braucht Kochsalz für eine einwandfreie Nierentätigkeit. Hülsenfrüchte und Kohl gehören allerdings nicht ins Hundefutter. Sie sind schwer verdaulich und verursachen Blähungen.

Rohkost, insbesondere fein zerkleinerte Möhren und Äpfel sind eine sättigende und vitaminreiche Futterergänzung. Auch gehackte Petersilie oder Kresse und frische Obst- und Gemüsesäfte können das Vitaminangebot vervollständigen.

Zur Versorgung mit ungesättigten Fettsäuren – wichtig zum Beispiel für Haut und Haar – kann dem Futter einmal wöchentlich ein Teelöffel Pflanzenöl zugesetzt werden. Auch eine Scheibe Brot mit Pflanzenmargarine ist eine vorzügliche Ergänzung, insbesondere gut durchgebackenes Roggenbrot, Brot soll aber nie eingeweicht werden.

Für den Junghund ist eine ausreichende Vitamin-D-Versorgung zur Verhütung der Knochenweiche (Rachitis) besonders wichtig. Überdosierungen sind aber schädlich. Anstelle des Lebertrans sollten daher genau dosierbare Vitamin-D-Präparate nach tierärztlicher Verordnung gegeben werden. Bierhefe – Bestandteil vieler Hundeflocken – enthält auch B-Vitamine. Für den jungen Hund ist die Zufütterung von „Futterkalk" für Wachstum und Knochenbau unerläßlich. Aber auch der erwachsene Hund braucht eine Mineralstoffergänzung, weil selbstzubereitetes Futter nicht alle Stoffe in ausreichender Menge enthält.

Speziell für den Bedarf des Hundes zusammengestellte Mittel sind besser und billiger als Kalktabletten für Menschen.

Knochen enthalten Mineralstoffe, sind aber schwer verdaulich und können hartnäckige Verstopfungen verursachen. Ihr Wert liegt vor allem in der Gebißpflege und der „Gymnastik" für die Kaumuskulatur. In Maßen können daher Hunde mit gesunden Zähnen kalbs- oder Rinderknochen erhalten. Hundekuchen oder Kauknochen aus Büffelhaut erfüllen allerdings den gleichen Zweck. Ältere Tiere mit Verdauungsproblemen oder Zahnkrankheiten müssen auf Knochen verzichten. Harte Röhrenknochen, vor allem von Geflügel, können splittern und Darmverletzungen verursachen. Kotelettknochen können in der Speiseröhre steckenbleiben. Sie gehören in den Mülleimer.

Fastentage müssen wildlebende Fleischfresser oft einlegen. Für Hunde mit Übergewicht ist ein Fastentag in der Woche ein probates Mittel zum Abnehmen. An den übrigen Tagen darf er sich einmal täglich sattfressen. Die fettarme Fleischgrundlage wird allerdings mit nährstoffarmer Lunge gestreckt, und statt Flocken gibt es Weizenkleie und Rohkost. Einfacher, aber teurer ist Diät-Fertigfutter.

Wasser, immer frisch und sauber, nie eiskalt, muß dem Hund ständig zur Verfügung stehen. Ein gesunder Hund trinkt zwar bei normal feuchtem Futter kaum, muß aber doch bei Hitze, nach Anstrengungen oder zu bestimmtem Futter seinen Durst löschen können. Ständig stark vermehrter Durst ohne erkennbaren Grund ist ein Krankheitszeichen.

Patentrezepte

Fragt man zehn Hundeexperten, erhält man sicher wenigstens neun „bewährte, für diese Rasse einzig richtige" Ernährungsanleitungen, von denen acht völlig richtig sind. Trotz aller Erfahrung und wissenschaftlicher Akribie gibt es gottlob viele Möglichkeiten, seinen Hund artgemäß und ausreichend zu ernähren. Man muß nur die angeführten Ernährungsregeln mit etwas Verständnis beachten – sei es mit Fertigfutter, sei es mit einem eigenen, auf Haushalt, Hund und Geldbeutel abgestellten Spezialrezept, sei es auch mit beidem.

Gesundheit

Vorbeugen ist besser als Heilen

Artgerechte Haltung, Pflege und Ernährung sind Voraussetzungen für die Gesundheit. Das seelische Wohlbefinden des Hundes ist so wichtig wie das körperliche. Der gesunde Hund nimmt aufmerksam und lebhaft Anteil an seiner Umgebung. Er ist kräftig und ausdauernd. In der Ruhe atmet er 10- bis 20mal, das Herz schlägt 70- bis 100mal in der Minute. Die Körpertemperatur liegt um 38,5 °C. Gesundheit ist nicht nur „Freisein von Krankheiten", sie schließt auch Widerstandskraft gegen Infektionen ein.

Das Haarkleid schützt nicht nur gegen Wind und Wetter. Es ist auch Zeichen von Gesundheit. Darunter wärmt ein dichtes, wolliges Unterhaar. Der Hovawart soll einmal wöchentlich mit einer Spezialbürste gestriegelt werden. Ein Kamm wird nicht benutzt. Damit könnten auch gesunde Haare ausgerissen und kleinste Hautverletzungen verursacht werden. Besonders wichtig ist das Bürsten während des Haarwechsels im Frühjahr und zum Winteranfang. Dann geht die Unterwolle manchmal in dichten Büscheln aus.

Durch Baden können der schützende Säuremantel der Haut zerstört und das Haar entfettet werden. Der Hovawart wird deswegen nur ausnahmsweise gebadet, zum Beispiel wenn er sich nach Hundeart in Aas oder Kot gewälzt hat. Dann wird er lauwarm geduscht und mit Hundeshampoo oder mildem Haarwaschmittel, nie jedoch mit Seife oder Spülmittel gewaschen. Nach gründlichem Ausspülen wird das Fell trockengerieben. An einem warmen, zugfreien Ort muß das Fell trocknen, ehe der Hund wieder hinaus darf.

Etwas ganz anderes ist das Baden in freier Natur. Hovawarte sind gute und häufig begeisterte Schwimmer. An heißen Sommertagen sei ihnen eine Erfrischung gegönnt. Die natürlichen Schutzeinrichtungen von Haut und Haar werden sie vor Erkältungen bewahren.

Stumpfes Haar, ständiger Haarausfall und starker Geruch deuten auf innere Erkrankungen hin. Die Haut soll frei von Schuppen und Rötungen sein, kein Juckreiz soll den Hund plagen.

Flöhe, Läuse und Haarlinge kann auch der gepflegteste Hund von einer Hundebegegnung mitbringen. Bei Juckreiz werden als erstes die Haut auf Flohstiche – bis zu linsengroße, geschwollene Rötungen – und das Fell auf Parasitenkot – kleine schwarze Pünktchen – abgesucht. Lieblingssitze der ungebetenen Gäste sind die Innenflächen der Hinterbeine, die „Achselhöhlen" und die Ohrmuscheln. Bei leichtem Befall genügt ein Flohpuder oder -spray. Wirksamer sind Waschlösungen, die das Fell bis auf die Haut benetzen, oder verschreibungspflichtige Mittel, die auf die Haut getropft werden und bis zu vier Wochen wirken. Das Ablecken solcher Mittel muß aber unbedingt verhindert werden. „Anti-Floh-Halsbänder" geben bis zu vier Monate gas- oder puderförmige Wirkstoffe ab. In Hundehütten können bei einigen Halsbändern Giftgaskonzentrationen auftreten, die auch für den Hund bedenklich sind. Manche Halsbänder verlieren zudem durch Nässe an Wirksamkeit. Bei Flohbefall muß immer das Lager des Hundes mitbehandelt werden. Moderne Spezialmittel töten dabei nicht nur „erwachsene" Flöhe, sondern stoppen auch die weitere Entwicklung der Flohlarven. Hundedecken werden am besten ausgekocht, Teppiche regelmäßig gesaugt und Stroh in der Hütte gewechselt.

Zecken lassen sich aus dem Gebüsch auf den Hund fallen, beißen sich in der Haut fest und saugen sich mit Blut voll. Sie sehen dann wie prallgefüllte graubraune bis zu kirschkerngroße Säckchen aus. Je länger sie saugen, desto größer ist in bestimmten verseuchten Gegenden die Gefahr, daß eine für Hunde gefährliche Infektionskrankheit, die Borreliose, übertragen wird. Deshalb sollten Zecken so rasch wie möglich entfernt werden. Sie dürfen aber nicht einfach ausgerissen werden, weil dabei die Beißwerkzeuge in der Haut steckenbleiben und Entzündungen verursachen können. Am besten erfaßt man die Zecke mit einer Spezialpinzette und hebelt sie drehend aus der Haut heraus. Man kann sie aber auch mit Alkohol, „Desinsektspray" oder in Öl eingehüllt betäuben und dann herausdrehen, sofern sie nicht innerhalb einer halben Stunde abgefallen ist. Seit kurzem ist ein Anti-Zecken- und Flohhalsband auf dem Markt, das ausschließlich bei Tierärzten erhältlich ist. Es verhindert den Befall mit Zecken weitgehend und das Blutsaugen mit Sicherheit.

Die Ohren sollten nur bei starker Verschmutzung gereinigt werden. Mit Wattestäbchen kann man das Trommelfell zwar kaum verletzen, das Ohrenschmalz aber in der Tiefe zusammenstopfen. Besser ist ein alkoholischer Ohrreiniger, der randvoll ins Ohr eingegossen und bei zugedrückter Ohrmuschel durchmassiert wird. Das gelöste Ohrenschmalz kann der Hund dann selbst ausschütteln, vorzugsweise im Freien. Dunkle, übelriechende Beläge im Ohr zeigen eine Entzündung an. Meist wird sich der Hund dann auch am Ohr oder – scheinbar – am Halsband kratzen und den Kopf schütteln. Ursache des „Ohrenzwanges" können Ohrenmilben, Grasgrannen oder andere Fremdkörper sowie Bakterien und Pilze sein. Wenn zwei- bis dreimalige gründliche Reinigung mit dem Ohrreiniger keine Besserung bringt, ist eine gezielte Behandlung erforderlich.

Die Augen werden mit einem Stückchen Mullbinde oder einem Taschentuch vom „Schlaf" gereinigt. Einfacher und hygienisch sicherer sind spezielle, beim Tierarzt erhältliche Augenreinigungstücher. Fusseln von Watte oder Papiertaschentüchern reizen die Schleimhäute. Bindehautentzündungen können auch durch Zugluft, Staub oder starke Sonne verursacht werden. Besonders anfällig sind Hunde, deren Augenlider am Augapfel nicht eng anliegen. Das kommt bei Hovawarten gottlob nur äußerst selten vor. Zur Linderung werden Augentropfen in den heruntergezogenen Bindehautsack geträufelt. Borwasser wird heute nicht mehr verwendet, weil feine Kristalle als Fremdkörper wirken können. Länger andauernder wäßriger, schleimiger oder eitriger Augenausfluß sollte nicht mit Hausmitteln kuriert werden. Es könnte eine Infektion vorliegen. Wucherungen auf der Rückseite der Nickhaut müssen meist operativ behandelt werden.

Die Zähne werden durch Hundekuchen oder Knochen ausreichend gereinigt. Auch die Tortur des Zähneputzens kann Zahnstein nicht verhindern. Zur Entfernung weicher Beläge eignet sich am ehesten ein Wattebausch, getränkt mit dreiprozentiger Wasserstoffsuperoxydlösung. Zahnstein ist ein fest anhaftender brauner Belag aus verhärteten Salzen. Fauliger Mundgeruch durch Zahnfleischentzündungen und -vereiterungen sowie Zahnausfall sind die Folgen. Zahnstein sollte frühzeitig fachkundig entfernt werden. Lose Zähne müssen gezogen werden. Nach Entfernen der Eiterherde wird der Hund sich auch allgemein wohler fühlen, denn sie können den Körper vergiften und zum Beispiel chronische Herzklappenentzündungen auslösen. Auch Milchhakenzähne, die beim Zahnwechsel nicht ausfallen, müssen gezogen werden. Sie können zu Stellungsfehlern im bleibenden Gebiß führen.

Die Analbeutel sollen eigentlich bei jedem Kotabsatz eine individuelle Duftmarke zur Revierkennzeichnung hinterlassen. Infolge der Domestikation funktioniert die Entleerung häufig nicht richtig. Sekretstauungen sind die Folge. Den Juckreiz versucht der Hund vergeblich durch Rutschen auf dem After zu beseitigen. Dieses „Schlittenfahren" ist entgegen landläufiger Vermutung fast nie auf Wurmbefall zurückzuführen. Stark gefüllte Analbeutel müssen fachkundig ausgedrückt, vereiterte müssen tierärztlich behandelt werden.

Die Krallen werden bei regelmäßiger Bewegung auf festem Untergrund ausreichend abgelaufen. Nur bei krankhaftem Hornwachstum oder Stellungsfehlern müssen sie geschnitten werden. Dabei soll die in der Kralle verlaufende Ader nicht verletzt werden. „Wolfskrallen", Überbleibsel der an sich verkümmerten fünften Zehe an den Hinterläufen, können bei Verletzungen stark bluten. Sie sollten vorsorglich amputiert werden. Das geschieht üblicherweise schon bei neugeborenen Welpen.

Erste Hilfe tut not

Hautverletzungen müssen genau inspiziert werden. Oberflächliche Abschürfungen und Schrunden können mit Hausmitteln behandelt werden. Auf jeden Fall werden im Bereich der Verletzungen die Haare mit einer gebogenen Schere kurz abgeschnitten. Sie verkleben sonst mit dem Wundsekret; Vereiterung ist die Folge. Die Wunde wird mit Wundgel, -spray oder -tinktur behandelt. Fetthaltige Salben behindern den heilungsfördernden Luftzutritt, Puder verkrustet.

Bei tieferen Wunden mit Durchtrennung der Haut sollte umgehend ein Tierarzt hinzugezogen werden. Bei Beißereien und Stacheldrahtverletzungen wird die Haut oft vom Körper losgerissen, so daß tiefe Taschen entstehen. Haare und Schmutz in der Tiefe der Wunden müssen so weit wie möglich entfernt werden. Von Fall zu Fall ist zu prüfen, ob eine „offene Wundbehandlung" oder eine Naht besser ist. Nur frische Wunden können mit Aussicht auf komplikationslose Heilung genäht werden.

Eine offene, aus der Tiefe nässende oder eiternde Wunde darf der Hund belecken. In allen anderen Fällen wird die Wundheilung behindert, weil die zarten Heilungszellen am Wundrand gestört werden. Das Belecken von Wunden und das Abreißen von Verbänden können durch einen Halskragen verhindert werden. Aus einem passenden Plastikeimer wird der Boden herausgeschnitten. Die Schnittkanten werden abgepolstert, an vier Stellen durchlöchert und mit Bindfäden versehen, die am Lederhalsband festgebunden werden. Einfacher, aber teurer sind fertige Halskragen vom Tierarzt.

Wundstarrkrampf ist beim Hund selten. Impfungen sind daher nicht üblich. Zur Vorbeuge sollen Wunden ausbluten und nicht luftdicht abgedeckt werden. Wenn größere Adern verletzt sind, kommt es zu andauernden, starken Blutungen. Häufig tritt Blut im Strahl aus. Dann muß zur Ersten Hilfe ein Druckverband angelegt werden. An ungünstigen Körperstellen wie am Kopf kann auch von Hand eine Kompresse aufgedrückt werden. Gliedmaßen können abgebunden werden, die Abbindung muß aber viertelstündlich kurz gelöst werden. In solchen Fällen ist stets umgehend tierärztliche Hilfe erforderlich.

Unfälle können auch zu inneren Verletzungen und Gehirnerschütterungen führen. Bei Bewußtseinstrübungen soll nie Flüssigkeit eingeflößt werden. Die Maulschleimhaut kann aber mit Kaffee, Tee oder auch einfach mit Wasser befeuchtet werden. Der Hund wird vorsichtig getragen oder seitlich mit tiefliegendem Kopf und herausgezogener Zunge auf einer Decke gelagert, die, von zwei Personen an den Ecken strammgezogen, auch als „Tragbahre" dient. Am Unfallort sind meistens die Diagnose und vor allem eine wirksame Schockbehandlung erschwert. Telefonisch sollte zur Vermeidung unnötiger Wege und Zeiten ein dienstbereiter Tierarzt verständigt und umgehend aufgesucht werden.

Lahmheiten können viele Ursachen haben. Als erstes wird die Pfote untersucht. Dornen oder Splitter werden ausgezogen. Verfilzte Haare drücken zwischen den Ballen wie ein Stein im Schuh; sie werden daher vorsichtig ausgeschnitten. Wunde Stellen werden wie Hautverletzungen behandelt. Im Winter müssen Streusalzreste von den Pfoten abgewaschen werden. Bei Krallenbettentzündungen können warme Kamillen- oder Seifenbäder Linderung bringen. Lose Krallenteile werden an der Bruchstelle beherzt abgeschnitten. In vielen Fällen ist ein Verband erforderlich. Er muß fachkundig angelegt werden, um Druckstellen zu vermeiden.

Bei Schwellungen, Prellungen und Verstauchungen kann das Fell des betroffenen Körperteils mehrmals täglich mit kaltem Wasser durchnäßt werden. Das wirkt wie ein Kühlverband, lindert den Schmerz und hemmt – frühzeitig angewendet – weitere Schwellungen. Wenn ein Bein überhaupt nicht belastet wird, besteht Verdacht auf Knochenbruch. Bei stark abnormer Beweglichkeit kann die Gliedmaße durch eine Notschiene ruhiggestellt werden. Ein feuchtes Tuch, zwei ausreichend lange Stöcke und Binden oder Leukoplast genügen fürs erste. Die benachbarten Gelenke müssen mit fixiert werden.

Andauernde, wiederkehrende oder sich verschlimmernde Bewegungsstörungen sind stets ein Fall für den Tierarzt. Bei Junghunden können schmerzhafte Knochenauftreibungen oder Ablösungen des Ellenbogenhöckers zu Lahmheiten führen. Ältere Hunde leiden oft unter chronischen Gelenkentzündungen. Die Hüftgelenksdysplasie (HD) ist erblich veranlagt: Eine Abflachung der Gelenkpfanne begünstigt Arthrosen und Verrenkungen. Im Alter können auch die Rückenmarkshäute verknöchern. Dadurch werden die Nerven eingeklemmt. Zunehmende Nachhandschwäche bis hin zur Lähmung ist die Folge. Relativ oft wird das Humpeln auf einem Hinterbein durch eine Ausrenkung der Kniescheibe oder durch Riß von Bändern bedingt, die operativ fixiert werden müssen.

Vergiftungen sind meist „Unglücksfälle" und nur selten böse Absicht. Rattengift kann bei unsachgemäßem Auslegen direkt, aber auch mit vergifteten Nagetieren aufgenommen werden. Meist handelt es sich um Cumarinpräparate, die zu inneren Blutungen führen. Vorsicht ist auch bei Schädlings- und Unkrautbekämpfungs- sowie bei Frostschutzmitteln geboten. Hochgiftige Thallium-, Zinkphosphid- und Arsenzubereitungen, Blausäure und Strychnin sind heute gottlob kaum noch erhältlich. Die besten Überlebenschancen bestehen, wenn man „nach frischer Tat" das Gift wieder aus dem Magen herausbefördern kann. Der Tierarzt kann Erbrechen durch eine Spritze auslösen, der Laie durch Eingeben von zwei bis drei Teelöffeln Salz. Nach dem Erbrechen kann eine Aufschwemmung von etwa zehn Kohlekompretten eingeflößt werden. Milch wird nicht gegeben, weil verschiedene Gifte fettlöslich sind. Etwa vorhandene Hinweise auf die Art des Giftes ermöglichen eine rechtzeitige, gezielte tierärztliche Behandlung. Ungewisser sind die Aussichten, wenn Vergiftungsfolgen wie Krämpfe, Mattigkeit oder Brechdurchfall schon eingetreten sind, die Ursache aber nur vermutet werden kann. Eine genaue Diagnose ist oft erst durch Spätschäden wie Blutungen oder Haarausfall möglich. Dann kann es für eine Rettung bereits zu spät sein.

Durchfall ohne Fieber bessert sich häufig nach einem Fastentag: Der Hund erhält ausschließlich stark verdünnten Tee mit einer Prise Salz, aber ohne Zucker. Zur Geschmacksverbesserung ist Süßstoff erlaubt. Zusätzlich ist es nie verkehrt, eine Aufschwemmung von Kohlekompretten einzugeben. Keinesfalls darf Durchfall mit Wasserentzug

93

„behandelt" werden; der Körper würde zu stark austrocknen. Am zweiten Tag erhält der Hund in kleinen Portionen ein Diätfutter, zum Beispiel Beefsteakhack, Schmelzflocken und rohen geriebenen Apfel. Am dritten Tag muß der Kot zumindest wieder dickbreiig sein. **Verstopfungen** lassen sich oft durch rohe Leber oder Milz oder einige Teelöffel süßer Dosenmilch beheben. Bei krampfhaft vergeblichem Drängen kann ein Mikroklistier Erfolg bringen. Bei einer Verhärtung von Knochenteilen im Enddarm hilft allerdings meist nur ein fachgerechter Einlauf.

Erbrechen ist keine selbständige Krankheit. Einmaliges Erbrechen kann durch zu hastiges Fressen, zu kaltes Futter oder Aufnahme von Fremdkörpern ausgelöst werden. Gelegentliches Erbrechen ist beim Hund ohne große Bedeutung. Um zu erbrechen, frißt der Hund häufig Gras. Geschieht dies regelmäßig oder wird ständig das Futter erbrochen, muß ein Tierarzt hinzugezogen werden. Auch Durchfall und Erbrechen mit Fieber sind kein Fall für Hausmittel.

Scheinschwangerschaft tritt bei manchen Hündinnen etwa acht Wochen nach der Läufigkeit auf. Sie sind unruhig, „bemuttern" irgendwelche Gegenstände, fressen schlecht und erbrechen gelegentlich. Das Gesäuge schwillt. Milch bildet sich. Abhilfe schafft häufig wenig Fressen und Trinken bei viel Bewegung und Beschäftigung. Das Gesäuge kann mehrmals täglich mit kaltem Wasser befeuchtet werden, um Schwellung und Milchproduktion zu hemmen. Keineswegs soll die Milch ausgedrückt werden. Damit würde nur die weitere Milchbildung angeregt. Bei sehr starker Gesäugeschwellung und trotz Hausmitteln nicht nachlassenden Erscheinungen muß der Tierarzt verständigt werden.

Insektenstiche, vor allem durch das Schnappen nach Wespen und Bienen verursacht, können schnell zu erheblichen Schwellungen am Kopf oder, noch schlimmer, im Rachen führen. Äußerliche Kühlung mit Eiswürfeln und eine Tablette gegen Allergie ersparen oft nicht die möglichst rasche tierärztliche Behandlung.

Alarmzeichen

Fieber ist eine Abwehrreaktion des Körpers, meist auf Infektionen. Die Hundenase kann auch beim kranken Hund feucht und kühl sein. Die Temperatur muß mit einem Fieberthermometer, je nach „Modell" bis zu fünf Minuten, im Mastdarm gemessen werden. Sie darf nicht über 39 °C liegen. Untertemperaturen unter 37,5 °C entstehen infolge einer Reduzierung der Stoffwechselvorgänge häufig vor dem Tod.

Husten, als ob ein Knochen im Hals säße, tritt bei Mandelentzündungen auf. Ernstere Infektionen wie Zwingerhusten oder gar Staupe könnten auch vorliegen. Pumpende Atmung entsteht durch eine Lungenentzündung, aber auch durch Wasseransammlung in der Lunge, zum Beispiel infolge von Vergiftungen. Bei alten Hunden kann der damit verbundene Husten auch auf eine Herzschwäche zurückzuführen sein. Bauchpressen und Aufblasen der Backen sind Zeichen höchster Atemnot.

Schleimhäute im Auge und im Fang geben Hinweis auf innere Erkrankungen: Blässe deutet auf Blutarmut hin, Gelbfärbung auf Leberschäden mit Gelbsucht, Blutungen auf schwere Infektionen oder Vergiftungen, eine bläuliche Färbung tritt bei Herz- und Kreislaufschwäche auf.

Kot und Urin mit Blutbeimengungen lassen schwerwiegende krankhafte Veränderungen erkennen. Bei Blutungen im Magen und in den vorderen Darmabschnitten kann der Stuhl durch das verdaute Blut pechschwarz aussehen. Nierenerkrankungen können auch mit erhöhtem Durst verbunden sein. Wenn Mattigkeit und Mundgeruch hinzukommen, ist meist bereits eine Harnvergiftung eingetreten. Harnsteine, Blasenriß oder Vergiftungen können dazu führen, daß überhaupt kein Urin mehr abgesetzt wird; dann besteht höchste Gefahr. Geschwülste, Prostatavergrößerungen und Mastdarmveränderungen erschweren den Kotabsatz. Verhärtete Knochenteile können den Enddarm völlig verstopfen. Erbrechen und zunehmende Mattigkeit bei fehlendem Kotabsatz sprechen für Darmverschluß oder einen Fremdkörper im Darm.

Speicheln wird im harmlosesten Fall durch Fremdkörper in der Maulhöhle oder durch lose Zähne verursacht, bedenklicher wäre eine E-605-Vergiftung oder Pseudowut, schlimmstenfalls ist an Tollwut zu denken.

Umfangsvermehrungen des Bauches bei sonst normalem Ernährungszustand oder zunehmende Abmagerung können durch Tumore oder Bauchhöhlenwasser hervorgerufen werden. Bei einer Gebärmuttervereiterung besteht gleichzeitig fast immer starker Durst, gelegentlich auch Scheidenausfluß. Eine plötzliche Aufblähung des Bauches mit Kolik und Kreislaufschwäche, bedingt durch eine Magendrehung, erfordert unverzügliche Operation. Eine Entzündung der Kaumuskeln mit Schwellung und Verhärtung sowie hervortretenden Augäpfeln muß sofort tierärztlich behandelt werden.

Infektionen bedrohen die Gesundheit

Staupe und ansteckende Leberentzündung (Hepatitis) sind Viruskrankheiten, die für Junghunde besonders gefährlich sind, aber auch ältere Hunde befallen. Staupe beginnt mit einem häufig kaum merkbaren kurzen Fieber, dem nach etwa acht Tagen eine schwere Lungenentzündung mit eitrigem Augen- und Nasenausfluß oder ein Durchfall folgt. Eine besondere Verlaufsform ist mit einer Verhärtung der Ballen verbunden. Nach scheinbarer Besserung treten nervöse Erscheinungen bis hin zu Krämpfen auf, die meistens zum Tod führen. Nach überstandener Staupe bleibt häufig ein nervöses Zucken der Kopfmuskeln, der „Staupetick", nach Erkrankungen im Junghundalter das „Staupegebiß" mit erheblichen Zahnschmelzdefekten zurück.

Die ansteckende Leberentzündung verläuft ähnlich, mit hohem Fieber, Apathie und Appetitlosigkeit. Hornhauttrübungen können bleibende Folgeschäden sein.

Stuttgarter Hundeseuche (Leptospirose) wird durch Bakterien verursacht und von Hund zu Hund übertragen. Sie beginnt häufig mit einer Schwäche in den Hinterbeinen. Geschwüre im Maul, Magen und Darm sind mit aasartig-faulem Maulgeruch und blutigem Durchfall verbunden.

Tollwut tritt bei Hunden nur noch selten auf. Die Seuche wird vor allem durch Füchse übertragen. Hinweisschilder warnen in gefährdeten Gebieten vor Tollwut. Die Krankheit ist besonders tückisch: die typischen Wuterscheinungen wie heiseres Gebell, Wasserscheue, Unruhe und unmotivierte Beißwut fehlen häufig. Die „stille Wut" ist im Anfangsstadium schwer zu erkennen. Ein erkranktes Tier stirbt immer.

Parvovirose ist eine Viruskrankheit, die sich bei Hunden aller Altersgruppen in schweren, durch Erbrechen und Durchfall gekennzeichneten Erkrankungen äußert. Bei Welpen kann plötzlicher Herztod auftreten. Der Erreger ähnelt dem Katzenseuchevirus; eine wechselseitige Ansteckung zwischen Hund und Katze ist jedoch nicht möglich. Die Ansteckung erfolgt über Ausscheidungen von Hund zu Hund, aber auch durch Verschleppung angetrockneter Ausscheidungen z. B. an Kleidungsstücken.

Impfungen schützen vor diesen Infektionskrankheiten

Welpen in gefährdeten Zuchten oder ungeimpfte Hunde mit verdächtigen Krankheitserscheinungen können mit einem Serum behandelt werden, das fertige spezifische Abwehrstoffe enthält. Diese „passive Immunisierung" schützt aber nur für zwei bis drei Wochen. Der Käufer eines Hundes sollte den Impfpaß daraufhin genau prüfen.

Länger dauernden Schutz vermittelt nur die „aktive" Schutzimpfung. Dabei werden abgeschwächte oder abgetötete Infektionserreger eingeimpft. Der Körper reagiert darauf mit der Bildung eigener Abwehrstoffe. Bei den heute üblichen Kombinationsstoffen kennzeichnen die Buchstaben S, H, L, T und P die Wirksamkeit gegen die in Frage kommenden Seuchen.

Zur Zeit hat sich für Hovawarte folgendes Impfprogramm bewährt:
– mit sechs Wochen Impfung gegen Parvovirose,
– mit acht Wochen Impfung gegen Staupe, Hepatitis contagiosa, Parvovirose und Leptospirose (entsprechend auch Festlegung des VDH),
– mit zwölf Wochen Impfung gegen Tollwut, Staupe, Hepatitis contagiosa, Parvovirose und Leptospirose,
– mit 16 bis 20 Wochen nochmalige Impfung gegen Parvovirose oder gegen Staupe, Hepatitis und Parvovirose,
– ein Jahr nach der Tollwutimpfung: Wiederholungsimpfung gegen Tollwut, Staupe, Hepatitis, Leptospirose und Parvovirose.
– Werden Hunde – hoffentlich nur im Ausnahmefall – erstmalig als erwachsene Tiere geimpft, so empfiehlt sich eine zweimalige Impfung im Abstand von vier Wochen.

Ist der Impfschutz zu stark abgesunken, kann der Hund erkranken. Deshalb sind Auffrischungsimpfungen im Abstand von ein bis zwei Jahren erforderlich.

Ein sicherer Impfschutz des Hundes ist auch für den Menschen wichtig. Erkrankte Hunde können Leptospiren übertragen, die beim Menschen das „Canicola-Fieber" oder die „Weilsche Krankheit" hervorrufen. Hundetollwut ist wegen des engen Kontaktes für Menschen viel gefährlicher als Wildtollwut. Geimpfte Hunde übertragen keine Tollwut. Nach Kontakt mit verdächtigem Wild brauchen sie deshalb auch nicht getötet zu werden, wie dies für ungeimpfte Hunde gesetzlich vorgeschrieben ist. Schließlich können sie auf Auslandsreisen mitgenommen werden. Zu diesem Zweck kann die Wiederholungsimpfung gegen Tollwut bereits nach elf Monaten angebracht sein, da zahlreiche Länder bei Einreise von Hunden eine Tollwutimpfung verlangen, die nicht länger als zwölf Monate her ist, gleichzeitig aber erst nach vier Wochen als wirksam anerkannt wird. Gleiches gilt für die Teilnahme an Zuchtveranstaltungen, Ausstellungen usw.

Gegen andere Infektionen schützt Vorsicht

Toxoplasmose wird durch einzellige Schmarotzer hervorgerufen. Ihr Stammwirt ist die Katze. Bei anderen Tieren werden ansteckungsfähige Dauerformen gebildet. Hunde erkranken überwiegend durch infiziertes Schweinefleisch. Für die Ansteckung des Menschen wurden sie früher zu Unrecht verantwortlich gemacht.

Aujeszkysche Krankheit wird ebenfalls durch Schweinefleisch übertragen. Unstillbarer Juckreiz, Unruhe, Ängstlichkeit und Speichelfluß haben gewisse Ähnlichkeit mit Tollwut. Die Krankheit wird daher auch „Pseudowut" genannt. Schweinefleisch und in der Zusammensetzung unbekannte Fleischmischungen (zum Beispiel aus Supermärkten) müssen deshalb gut durchgekocht werden. Fertigfutter und Rindfleisch sind dagegen unbedenklich.

Zwingerhusten tritt vor allem in Tierheimen und Hundehandlungen auf. Unter begünstigenden Umständen lösen Viren und Bakterien gemeinsam Entzündungen von Luftröhre und Bronchien aus. Kennzeichnend ist ein kurzer, trockener Husten. Sekundärinfektionen können den Krankheitsverlauf verschlimmern. Einen gesunden Hund kauft man mit größerer Wahrscheinlichkeit beim Züchter. Während des Urlaubs sollte man seinen Hund nicht in unbekannte Heime oder Pensionen geben oder ihn vorsorglich auch gegen Zwingerhusten impfen lassen.

Wurmkuren gegen unerwünschte Kostgänger

Spulwürmer können bei Junghunden zu Verdauungs- und Entwicklungsstörungen, zu Vergiftungserscheinungen und sogar zum Tod führen. Fast alle Welpen werden im Mutterleib mit Spulwürmern infiziert. Die ersten Wurmkuren soll schon der Züchter durchführen. Dabei ist es unbedingt notwendig, die erste Wurmbehandlung der Welpen bereits in den ersten zehn Lebenstagen durchzuführen. Bei massivem Wurmbefall, wie er besonders bei Welpen von erstmals werfenden

Hündinnen zu erwarten ist, kann die Behandlung schon in der ersten Lebenswoche notwendig werden.

Junghunde werden vierteljährlich entwurmt. Ältere Hunde beherbergen nur noch einzelne Würmer. Sie richten zwar keinen großen Schaden an, sind aber eine ständige Infektionsquelle. Hündinnen sollten sechs Wochen nach jeder Läufigkeit, Rüden einmal jährlich entwurmt werden. Bei festgestelltem Wurmbefall ist eine sofortige Entwurmung mit einer Wiederholungsbehandlung nach zwei bis drei Wochen erforderlich. Rohe Möhren garantieren keine Wurmfreiheit. Wirksame und verträgliche Mittel sind verschreibungspflichtig. Sie wirken auch gegen andere Rundwurmarten, zum Beispiel gegen Hakenwürmer.

Spulwürmer sind auf ihre Wirtstierarten spezialisiert; wenn der Mensch Hundespulwurmeier aufnimmt, schlüpfen zwar Larven und beginnen ihre Wanderung im Körper, sie bleiben jedoch in Organen oder Muskeln stecken und können dort schmerzhafte Entzündungen verursachen. Besonders gefährdet sind „Krabbelkinder". Wurmkuren dienen daher auch dem Gesundheitsschutz der Familie. Auf Kinderspielplätzen haben Hunde nichts zu suchen.

Bandwürmer brauchen für ihre Entwicklung stets einen Zwischenwirt. Für den Hundebandwurm ist dies der Floh. Er nimmt die Wurmeier auf, aus denen sich eine Finne entwickelt. Der Hund „knackt" den Floh – die Finne wächst im Hundedarm zum fertigen Bandwurm aus. Mit dem Kot erscheinen nach geraumer Zeit einzelne kürbiskernförmige, anfangs noch bewegliche Bandwurmglieder oder ein längeres, deutlich gegliedertes Wurmende. Es gibt heute neben speziellen Spulwurm- und Bandwurmmitteln auch Präparate, die gegen beide Parasitenformen wirksam und dabei gut verträglich sind. Es empfiehlt sich, eine systematische vierteljährliche Wurmbehandlung des Hundes. Zur Bandwurmkur gehört stets eine Flohbehandlung von Hund und Lager.

Besonders bei Jagdhunden kann auch der „gesägte Bandwurm" auftreten, dessen Zwischenwirte Hasen und Kaninchen sind. Andere Bandwurmarten, die durch Fisch oder Wild, Rinder- oder Schafeingeweide übertragen werden, kommen seltener vor. Dazu zählt der „dreigliedrige Bandwurm", der auch dem Menschen gefährlich werden kann. Der Hund sollte zur Vorbeuge keine rohen „Konfiskat"-Innereien erhalten und daran gehindert werden, Kadaver von Wildtieren anzufressen. Für Menschen besonders gefährlich ist der vor allem in einigen Gegenden Mittel- und Süddeutschlands verbreitete „Fuchsbandwurm", der auch durch Hunde übertragen werden kann.

Kleine Hausapotheke für den Hund

Zur Pflege und zur Ersten Hilfe sollten Instrumente und Medikamente bereitgehalten werden. Sie sind kindersicher, kühl und trocken aufzubewahren. Wenn unser Hund zu Reisekrankheit neigt, unter Rheuma leidet oder häufiger bestimmte andere Wehwehchen hat, werden die tierärztlich verordneten Medikamente vorrätig gehalten, um auf bewährte Weise rasch helfen zu können. Vitamin- und Mineralstoffpräparate werden dort aufbewahrt, wo sie gebraucht werden: in der „Futterküche".

Zehn Tips für den Besuch beim Tierarzt

1 Nach Möglichkeit sollte der Hund in der Praxis des Tierarztes vorgestellt werden. Dort kann eine Erkrankung besser erkannt und behandelt werden.

2 Bei Verdacht auf ansteckende Krankheiten lassen Sie sich aber vom Tierarzt einen Sondertermin geben, oder bitten Sie ihn um einen Hausbesuch, um andere Hunde im Wartezimmer nicht anzustecken.

3 Mit einem unruhigen Hund wartet man besser im Auto, bis man an der Reihe ist.

4 Der Hund muß systematisch dazu erzogen werden, sich untersuchen zu lassen. Manipulationen an den Ohren, Öffnen des Fanges und Fiebermessen können geübt werden! Auf dem Untersuchungstisch muß der Hund beruhigt werden. Dazu müssen Sie selbst ruhig bleiben, erforderlichenfalls aber auch energisch werden.

5 Der Hund kann nicht sprechen. Daher müssen Sie Krankheitserscheinungen und -dauer genau schildern. Das erleichtert dem Tierarzt die Diagnose.

6 Bei Verdauungsstörungen ist die Beschaffenheit des Kotes genau zu beschreiben. Es ist nie verkehrt, eine Kotprobe, abgegangene Würmer oder Fremdkörper mitzunehmen.

7 Bei Verdacht auf innere Erkrankungen kann vorsorglich auch eine in einem sauberen Gefäß aufgefangene Harnprobe mitgenommen werden.

8 Bringen Sie auch den Impfpaß mit!

9 Notieren Sie die Behandlungsanweisungen; erfahrungsgemäß wird

vieles nach der Aufregung des Tierarztbesuches leicht vergessen oder verwechselt.

10 Denken Sie auch an den Stolz der Dame des Tierarzthauses: Verwehren Sie Ihrem Rüden das Beinheben an den Ziersträuchern im Vorgarten nach Verlassen der Praxis.

Gefahren für die menschliche Gesundheit?

Impfungen und Wurmkuren schränken Ansteckungsgefahren ein. Hygiene tut ein übriges: Selbstverständlich hat der Hund sein eigenes Lager und Futtergeschirr; beides ist peinlich sauber. Rasen und Wege werden von Hundekot freigehalten. Der Hund wird so erzogen, daß er das Gesicht nicht ableckt. Das Belecken der Hände ist Ausdruck seiner Zuneigung. Man darf sie dulden, denn man kann sich die Hände anschließend waschen. Vorsichtige können Lager, Hütte und andere hygienegefährdete Stellen und Gegenstände regelmäßig desinfizieren. Die Mittel sollen gegen Viren, Bakterien und Pilze wirken. Zur Schnelldesinfektion eignet sich ein „Desinfektspray", der auch Ektoparasiten abtötet.

Besonders angezeigt sind solche Maßnahmen, wenn der Hund eiternde Wunden, Ekzeme, Furunkel oder eine Vorhaut-, Zahnfleisch- oder Mandelentzündung hat. Diese Infektionen sind konsequent zu behandeln. Eitererreger können auch beim Menschen Komplikationen verursachen. Vorsicht ist stets bei schlecht heilenden oder sich ausbreitenden Ekzemen geboten: Räudemilben sind zwar auf Tierarten „spezialisiert", können jedoch auch beim Menschen juckende Hautrötungen verursachen.

Hautpilzinfektionen sind auf Menschen übertragbar. Daher sollte man umgehend eine Spezialuntersuchung und Behandlung veranlassen. Pilzinfektionen entstehen beim Menschen in der Regel nur, wenn sich die Erreger länger als zwölf bis 24 Stunden auf der Haut einnisten können. Gründliches Waschen bannt die Gefahr. Zusätzliche Sicherheit bietet ein Handdesinfektionsmittel, das nach Berührung verdächtiger Stellen oder Ausscheidungen in die Hände eingerieben wird.

Allergien sind auch durch größte Sauberkeit nicht immer zu vermeiden. Einige Menschen reagieren bei Kontakt mit Tierhaaren und -hautteilen mit Ausschlägen oder Atembeschwerden. Katzen, Meerschweinchen und Vögel sind viel öfter als Hunde die Auslöser; viele andere pflanzliche und tierische Stoffe kommen hinzu.

101

Die Allergieursache kann von einem Hautarzt durch Spezialtests auf der Haut ermittelt werden. Auf Verdacht braucht also kein Hund abgeschafft zu werden. Und vor der Anschaffung eines Hovawarts brauchen auch gesundheitsbewußte Hundefreunde nicht zurückzuschrecken.

Anschriften, die Sie kennen sollten

**Rassezuchtverein
für Hovawart-Hunde e. V.**
Geschäftsstelle
Am Hermannsbrunnen 33
58239 Schwerte

Zuchtbuchstelle
Frau Ingrid Müller
Rissener Weg 32
25482 Appen-Etz

Welpenvermittlung
Frau Waltraud Ludwig
Kreuzeckstr. 14
86163 Augsburg

**Auswertungsstelle für
Hüftgelenksdysplasie-
Aufnahmen**
Frau Dagmar Prüsse
Kramerkoppel 9
22041 Hamburg

**Internationale Hovawart-
Föderation (IHF)**
Geschäftsstelle
Bechsteinstraße 14
42653 Solingen

**Verband für das Deutsche
Hundewesen (VDH) e. V.**
Westfalendamm 174
44141 Dortmund

Deutscher Hundesportverband (dhv)
Gustav-Sybrecht-Str. 42
44536 Lünen

Literatur

BÄRTSCHI, M.;
SPENGLER, H., 1992:   Hunde sehen – züchten – erleben. Bern u.
Stuttgart: Verlag Paul Haupt.

BEUING, R. G., 1993:   Zuchtstrategien in der Kynologie. Gießen: TG-
Verlag.

BENGEFORTH, F.;
RADAM, H., 1983:   Der Hovawart. Hamburg und Berlin: Verlag
Paul Parey.

FEDDERSEN-
PETERSEN, D., 1987:   Hundepsychologie. Stuttgart: Kosmos.

GRIMMER, R., 1972:   Die „wildgewachsenen Verwandten" des
Hovawart. Zuchtbuch der SZG
Hovawartzüchter in der DDR.

KOBER, U., 1981:   Pareys Hundebuch. Hamburg und Berlin:
Verlag Paul Parey.

KUFNER, P., 1983:   Ausbildungspraxis in Wort und Bild.
Deggendorf: Selbstverlag.

LORENZ, K., 1980:   So kam der Mensch auf den Hund. München:
Deutscher Taschenbuchverlag.

MÜLLER, M., 1981:   Vom Welpen zum idealen Schutzhund.
Reutlingen: Oertel und Spörer.

RADAM, H., 1983:   Zuchtgeschichte des Hovawart. Pers. Mitt.

SCHENKER, Chr., 1979: Farbvererbung beim Hovawart. Manuskript.

SCHLEGER, W.;
STUR, I., 1986:   Hundezüchtung in Theorie und Praxis. Wien
und München: Jugend und Volk.

TRUMLER, E., 1971:   Mit dem Hund auf du. München und Zürich:
Piper.

WEGNER, W., 1979:   Kleine Kynologie. Konstanz: Terra-Verlag.

WIENRICH, V., 1980:   Grundlagen der Vererbung und Züchtung beim
Hund. Berlin: Verlag des VKSK.

WIENRICH, V., 1988:   Genetik und Zuchtprobleme. In: Manfred
Bürger u. a.: Lexikon der Hundehaltung,
Edition Leipzig.

ZIMEN, E., 1988:   Der Hund. München: Bertelsmann Verlag.

Weiterführende Literatur aus dem Verlag Paul Parey, Hamburg

BEYERSDORF, P., 1993:   Dein Hund auf Ausstellungen. 2. Auflage.
BURTZIK, P., 1991:   Dienst- und Gebrauchshunde. 4. Auflage.
BURTZIK, P., 1993:   Erziehung und Ausbildung des Hundes. 4. Auflage.
FIEDELMEIER, L., 1983:   Kauf, Pflege und Fütterung des Hundes, 3. Auflage.
KOBER, U., PEPER, W.:   Pareys Hundebuch. Neuauflage geplant.
POORTVLIET, R., 1987:   Mein Hundebuch, 2. Auflage.
QUEDNAU, F., 1987:   Rechtskunde für Hundehalter.
SCHMIDTKE, H.-O., 1984:   Gesundheitsfibel für Hunde. 2. Auflage.
WEIDT, H., 1992:   Der Hund, mit dem wir leben: Verhalten und Wesen. 2. Auflage.

Bildnachweis

Titelbild und Seiten 51, 52, 55	Berger, Bad Soden
Seite 13	Rosemarie Neuwardt, Berlin
Seiten 15, 16, 17	aus Kober, U.: Pareys Hundebuch. Hamburg u. Berlin: Verlag Paul Parey
Seite 19	Katrin Kraus, Schwaikheim
Seite 22	Inge Hussels, Barsbüttel
Seite 24	Karin Holm, Techau
Seiten 30, 33, 50, 59, 77, 80	Archiv des RZV für Hovawart-Hunde e. V.
Seite 31	Bildsammlung Georg Schäfer, Schweinfurt
Seite 35	Heinz Radam, aus Bengeforth, F., u. Radam, H.: Der Hovawart. Freund Hund 13. Hamburg und Berlin: Verlag Paul Parey, 1983
Seite 41	Christa Schwamberger, Brackenheim
Seite 44	Françoise Hix, Epsenbach
Seite 47	Helga Lingenfelder, Völkersleier-Seeblick
Seite 54	D. Müller, Hamburg
Seite 70	Monika Klumpp, Stuttgart
Seite 73	Irene Schumacher, Jesteburg

Die übrigen Abbildungen stammen vom Verfasser.

Anmerkung

Das Büchlein über den Hovawart von Fritz Bengeforth und Heinz Radam erschien erstmals vor ca. 25 Jahren in der Reihe „Freund Hund" im Otto Meissners Verlag, Schloß Bleckede. Eine 2. Auflage erschien 1977; nach der Übernahme dieses Verlagsprogramms durch die Verlagsbuchhandlung Paul Parey erschien 1983 die dritte, völlig neubearbeitete Auflage.

In der Reihe „Dein Hund" erschien 1985 in der Verlagsgesellschaft Rudolf Müller die erste Auflage des Buches „Der Hovawart" von Heidrun Blasius, die 2. Auflage erschien 1988 im Verlag Paul Parey. „Nachfolger" beider Bücher und damit Fortführung des „Hovawart" in der Reihe „Dein Hund" sind die von Volker Wienrich 3. Auflage (9.–17. Tausend) und nunmehr bereits die vorliegende 4. Auflage.

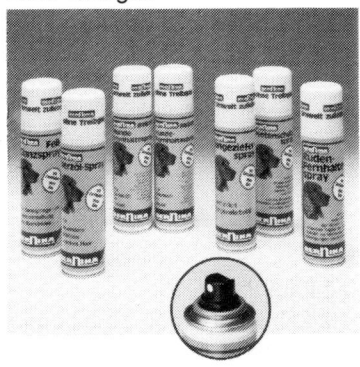